Dans la même collection

Peut-on être à la fois lucide et heureux ?
Un homme libre peut-il croire en Dieu ?
Faut-il oublier son passé pour se donner un avenir ?
Toute vérité est-elle bonne à dire ?
Que désirons-nous vraiment ?

Éditeur : Stéphane Chabenat
Directeur de collection : Olivier Dhilly
Suivi éditorial : Clotilde Alaguillaume
Conception graphique : Emmanuelle Noël
Conception couverture : Rémi Pépin

Les Éditions de **l'Opportun**
16 rue Dupetit-Thouars
75003 PARIS

www.editionsopportun.com

Imprimé en Europe
ISBN : 978 2 36075204 1
Dépôt légal : à parution

Les philosopheurs

Gilles Vervisch

Puis-je vraiment rire de tout ?

Sommaire

Puis-je vraiment rire de tout ?

La fortune d'une plaisanterie se trouve dans l'oreille
De celui qui l'entend, jamais sur la langue
De celui qui la fait.

Shakespeare

« On peut rire de tout, mais pas avec n'importe qui. »

« On ne m'ôtera pas de l'idée que, pendant la dernière guerre mondiale, de nombreux Juifs ont eu une attitude carrément hostile à l'égard du régime nazi.

Il est vrai que les Allemands, de leur côté, cachaient mal une certaine antipathie à l'égard des Juifs.

Ce n'était pas une raison pour exacerber cette antipathie en arborant une étoile à sa veste pour bien montrer qu'on n'est pas n'importe qui, qu'on est le peuple élu, et pourquoi j'irais pointer au Vélodrome d'Hiver, et qu'est-ce que c'est que ce wagon sans banquette, et j'irai aux douches si je veux…

Quelle suffisance ! »

Vous trouvez ça drôle ? En tout cas, c'est le genre de texte « humoristique » qui peut avoir de quoi choquer, d'autant plus si l'on pense qu'il s'agit d'un spectacle de Dieudonné. On peut même se sentir révolté, insulté voire meurtri, en constatant que certains se permettent de rire de l'une des pires atrocités que l'Histoire ait connues. Peut-être parce que, derrière cet humour, il y a toujours le soupçon de l'antisémitisme ayant conduit à la shoah.

Sauf que le texte en question n'est pas extrait du dernier spectacle de Dieudonné : il a été écrit par Pierre Desproges en 1986[1]. Et quand on évoque Desproges, on a plutôt tendance à regretter une époque où l'on pouvait rire de tout ou, du moins, de plus de choses. On s'étonne que ce genre de texte ait pu passer inaperçu dans un spectacle, au milieu d'autres thèmes comme la gauche, les militaires, la paternité ou Francis Lalanne. Et on s'imagine un « âge d'or », incarné par Desproges, Coluche ou même le fameux *Droit de réponse* de Michel Polac, où la liberté d'expression avait peu de limites, et l'humour, encore moins. Aujourd'hui, de nombreux sujets apparaissent « sensibles » : dans les années 1990, Patrick Timsit avait été poursuivi en justice pour un sketch

1. P. Desproges, *Textes de scène*, « On me dit que des Juifs se sont glissés dans la salle ? », Le Seuil, 1988, p. 81.

sur les trisomiques. Il est à peine besoin de rappeler les scandales autour des « caricatures » du prophète Mahomet publiées par le journal danois *Jyllands-Posten* en 2005 et, plus tard, par *Charlie Hebdo*. Les responsables politiques eux-mêmes, tout en réaffirmant le principe de la liberté d'expression, ont volontiers suggéré que ce n'était pas « le bon moment » pour lancer ce genre de « provocation ». Et les mêmes qui regrettent Desproges sont peut-être ceux qui dénoncent les outrances de *Charlie Hebdo*. C'est à l'occasion de telles polémiques que ressort la sempiternelle question : peut-on rire de tout ? Sous-entendu : on peut rire de tout, sauf de *ça* – et on trouve toujours une bonne raison : les religions, les handicapés, les malades. Bref, on ne peut plus rire de rien, et les « humoristes » professionnels en sont réduits à écrire des sketchs sur les K-way ou les toilettes des stations-service pour se faire aimer du public et ne pas se retrouver à la barre, ou du moins « triquards » dans les médias. Alors, peut-on rire de tout ?

Tout dépend de ce qu'on entend par « rire ». D'après le dictionnaire, le rire consiste à « exprimer la gaieté par l'expression du visage, par certains mouvements de la bouche et des muscles faciaux, accompagnés d'expirations saccadées plus ou moins bruyantes » (*Le Petit Robert*). En fait, il semble difficile de décrire par des mots cette réaction physique que tout le monde a pu ressentir ou observer chez les autres. Mais il semble encore plus difficile de savoir ce qui la provoque. Notre rire est souvent involontaire, et c'est bien ainsi que l'on pourrait d'abord comprendre la fameuse formule de Bergson, « du mécanique plaqué sur du vivant[1] ». C'est une réaction spontanée qui nous prend sans qu'on le veuille, et sans qu'on puisse vraiment s'en empêcher. Quand je ris, c'est à peine si je comprends moi-même *ce qui me fait rire*. Peut-on rire de tout ? Autant demander : peut-on éternuer en toutes circonstances ?

Le problème n'est donc pas de savoir si l'on peut rire de tout, mais de savoir d'abord pourquoi l'on rit – ou plutôt, pourquoi on ne rit pas. Et là, on constate que les uns et les autres ne rient pas des mêmes choses. D'où, peut-être, cet autre fameux mot de Pierre Desproges, cette fois : « On peut rire de tout, mais pas avec n'importe qui[2]. » C'est un fait, il y a des gens qui se tordent de rire face à ce que d'autres considèrent comme des atroci-

---

1. H. Bergson, *Le Rire*, chapitre I, V-II, coll. « Quadrige », PUF, 2007, p. 38.

2. Citation attribuée à Pierre Desproges. Mais lors de son « réquisitoire » contre Jean-Marie Le Pen, invité de l'émission *Le tribunal des flagrants délires*, le 28 septembre 1982, Desproges a plus précisément dit : « On peut rire de tout, on doit rire de tout. […] Deuxième point : peut-on rire avec tout le monde ? C'est dur. »

tés. Chacun a sans doute fait la cruelle expérience de ce qu'on appelle un « bide », quand une plaisanterie ne produit aucun effet sur l'auditoire ou, pire, jette un froid – « Vous trouvez ça drôle ? » Bien sûr, tout le monde pense avoir bon goût et le sens de l'humour : pour moi, celui qui ne rit pas à mes blagues est un rabat-joie, et celui qui rit de ce que je ne trouve pas drôle est vulgaire – il rit de ce dont on ne devrait pas rire, il rit *trop*. Alors, admettons plutôt qu'il en est du rire comme de la cuisine ou de la beauté artistique, « chacun ses goûts ». Les épinards sont agréables à la langue des uns, et dégoûtent les autres. Un même tableau peut sembler beau ou laid à différentes personnes. Et comme le suggère David Hume dans un essai sur « La règle du goût » : « Chacun doit se ranger à son propre sentiment, sans prétendre régler celui d'autrui[1]. »

Et pourtant, on prétend bien « régler » le sentiment d'« autrui » quand on pose la sempiternelle question : « Peut-on rire de tout ? » D'abord, on suppose que tous les rires ou plutôt tous les humours ne se valent pas : il y aurait des plaisanteries de « mauvais goût », et nombreux sont ceux, même parmi les philosophes, qui aiment à distinguer le rire grossier, brutal ou vulgaire

1. D. Hume, « La règle du goût » in *Essais et traités*, I, Vrin, 1999, p. 268.

– pourquoi pas « en dessous de la ceinture » – de l'« humour », censé être spirituel, tellement, d'ailleurs, qu'il ne devrait pas faire rire, mais seulement sourire. Bref, l'austérité comme preuve d'intelligence. Reste à savoir quels critères permettraient de distinguer le bon et le mauvais rire, sachant que même dans le domaine de l'art, on ne les a toujours pas trouvés. Reste à savoir aussi quels sont ceux qui détiennent « le monopole » du rire et qui, pareils à des critiques d'art ou des œnologues, disposeraient du « bon » goût à partir duquel on pourrait – et même, on devrait – évaluer le *sens* de l'humour de tous les autres.

Mais la question « peut-on rire de tout ? » n'est pas seulement esthétique. Elle a surtout un *sens moral* et suggère qu'il faut même interdire ou du moins s'interdire certains rires de *trop* mauvais goût. Là encore se pose le problème des critères ou plutôt des formes de rires et d'humours qui seraient « immorales ». En particulier : de quels sujets ne faut-il pas rire ? C'est bien le premier sens qu'on donne à la question : « Peut-on rire de tout ? » Faut-il éviter de rire du handicap, des maladies et, de manière générale, des malheurs des autres ? Et la religion ? Pourtant, la religion n'est pas une maladie ou un malheur, alors, pourquoi ne devrait-on pas en rire ? Peut-être par respect pour ce que le croyant considère comme « sacré » (Dieu, le prophète). Mais là encore, nous n'avons pas les mêmes valeurs, et ce qui est sacré pour les uns ne l'est pas pour les autres. Alors, si l'on doit faire la liste de tous les sujets dont il ne faut pas rire, on imagine que chacun exigera que ses propres convictions soient respectées et, à la fin, on ne pourra rire de rien – ou si peu. D'autant que la question ne s'arrête pas à la morale. Finalement, elle se veut aussi juridique : on se demande s'il n'y aurait pas carrément des raisons d'interdire des sujets et, ainsi, de fixer des limites à l'humour par la loi. Un peu comme si on interdisait à tout le monde de manger des épinards, parce que certains ne trouvent pas ça bon… Mais là encore, quelles devraient être ces limites ? Peut-il seulement y en avoir ? Et qui les fixera ? Quel législateur peut prétendre décider pour tout le monde de ce dont on a le droit de rire ? Et bien sûr, devant ces questions, on est tenté de défendre la liberté d'expression. Et c'est tout le débat.

Mais pourquoi ce débat ? Qu'y a-t-il de si mauvais dans le rire, ou de dangereux, pour qu'on lui oppose le bon goût, la morale et, pour finir, la loi ? Quand le dictionnaire définit le rire, il le présente comme une expression de « la gaieté ». En effet, comme le rire procure toujours un certain plaisir – « c'est bon de rire, parfois » –, on a tendance à penser qu'il exprime des sentiments positifs, comme la joie ou même le bonheur. Par suite, on comprend ce que devraient être les limites de l'humour : on ne peut quand même pas se réjouir de sujets tristes comme la maladie, la mort, et encore moins des pires atrocités. Mais au fond, il est difficile de savoir quels sentiments s'expriment dans le rire. On ne rit pas toujours « de gaieté de cœur » et l'humour n'est pas toujours de bonne humeur. Celui qui fait une chute devant tout le monde rit pour éviter la honte, et le plus souvent, le « fou rire » nous prend dans des situations qui exigent que nous soyons sérieux, justement, comme dans ces bêtisiers où des journalistes télé sont pris d'un fou rire en annonçant les pires catastrophes. Alors, pourquoi rit-on ? Si les sentiments contenus dans le rire sont ambigus, les limites deviennent floues.

Le sérieux, justement : on estime volontiers que le rire consiste à s'amuser et à ne pas prendre les choses « au sérieux » – « Vous voulez rire ? » Là encore, on pourrait donc estimer qu'il ne faut pas rire de sujets « graves » ou sérieux. Mais là encore, c'est très discutable. Le jour de l'enterrement de sa femme, mon oncle a passé son temps à raconter des bonnes blagues. Le rire n'est-il donc jamais sérieux ?

En tout cas, il passe souvent pour être méchant : c'est d'ailleurs la raison pour laquelle on se demande : « Peut-on rire de tout ? » Sous-entendu : peut-on se moquer de tout ? Après « l'idée de gaieté », le dictionnaire souligne

« l'idée de moquerie » contenue dans le rire : « rire de » quelque chose ou de quelqu'un, ce serait « tourner en dérision (ce qui est ridicule ou méprisable)». Voilà encore ce qui justifie ou du moins ce qui explique les limites : rire de la religion, ce serait la dévaloriser en exprimant son mépris, voire sa haine envers les croyants. Alors, il y aurait des choses dont on ne devrait pas se moquer, en particulier le malheur des autres. « On peut rire de tout, mais pas avec n'importe qui », parce qu'on ne se moque pas d'un trisomique devant ses parents. Mais le rire est-il méchant ? Exprime-t-il le mépris ? Quand on est « handicapé », on peut se sentir bien plus méprisé ou humilié par les regards de pitié. Celui qui rit de ma situation de handicap, au contraire, exprime plutôt une compassion mêlée d'estime, et si nous pouvons rire ensemble, c'est que nous sommes égaux. Bref, on ne rit pas toujours des autres, mais avec eux. Par suite, qui voudrait donner quelques limites que ce soient à ce rire de complicité qui resserre nos liens ? Ça n'aurait aucun sens.

La question est donc plutôt de savoir ce qu'*est* le rire : qu'est-ce qui le provoque ? Quels sont les sentiments qui s'y expriment ? On confond sans doute le rire avec d'autres formes d'expression quand on demande : « Peut-on rire de tout ? » Les limites ne peuvent pas être les mêmes, et on oublie un peu vite la distance, le dédoublement, bref le « second degré » essentiel au rire qui, au fond, devrait tout autoriser. C'est surtout ça, le sens de la formule de Desproges si mal comprise : « On peut rire de tout, mais pas avec n'importe qui. » Rire des chambres à gaz ou du racisme avec Le Pen, ça n'a rien de drôle, parce qu'il n'y a plus de « second degré » : quand il le dit, c'est ce qu'il pense et ça n'est pas « pour rire ».

Pourquoi ne peut-on pas rire de tout ?

« Vous trouvez ça drôle ? »

Peut-on rire de tout ? Comme dirait Desproges : « C'est dur ! » Au fond, personne ne rit de tout ou plutôt tout le monde ne rit pas des mêmes choses. D'ailleurs, on pourrait bien retourner la question : pourquoi *faudrait*-il rire de tout ? Quelle est donc cette morale selon laquelle le bon goût exigerait de trouver quelque chose de drôle dans tout, tandis que ceux qui ne rient pas seraient forcément des gens tristes ou rabat-joie ? Même les « humoristes », qui, au nom de la liberté d'expression, revendiquent le droit de rire de tout, n'appliquent pas toujours ce principe à eux-mêmes, quand ils n'apprécient pas qu'on se moque d'eux. Mais qui aime qu'on se moque de lui ? La première limite du rire – et sans doute la plus indiscutable –, c'est le rire lui-même : la question n'est pas de savoir si on a le *droit* de faire rire au nom de la loi, de la morale ou de la religion. C'est bien plus simple : est-ce que ça fait rire ? Et si les gens ne rient pas, on ne peut pas leur demander de trouver ça drôle. « Vous trouvez ça drôle ? » Tout est dans cet étonnement qui exprime l'incompréhension et le caractère incommunicable du rire. D'ailleurs, il est toujours très dangereux d'annoncer : « Je vais vous raconter une histoire drôle. » Car l'attente de l'assistance pourrait bien être déçue : comment savez-vous qu'il s'agira d'une histoire drôle ? Ce sont les rires qui en décideront. Et si elle vous a fait rire, peut-être cette histoire ne fera-t-elle pas rire les autres.

Le rire est une réaction spontanée ou « mécanique », avons-nous dit. Il faudrait donc commencer par se demander ce qui déclenche le rire pour comprendre, peut-être, ce qui l'arrête. Nombreux sont ceux qui ont ainsi essayé d'étudier le *mécanisme* du rire : « du mécanique plaqué sur du vivant » pour Bergson, « une économie » pour Freud – peu importe, pour le moment, que l'on comprenne ce que ça signifie. Plusieurs penseurs comme Descartes ou Kant montrent que le rire est déclenché par une situation inattendue, incongrue, voire absurde, quand on voit un chevalier armé d'un poulet dans le film des Monty Python, *Sacré Graal !* Ou quand Charlot mange une chaussure dans *La Ruée vers l'or*. Schopenhauer, qui explique un peu le rire de la même manière, en vient même à conclure : « Voilà, en abrégé, la vraie théorie du rire[1]. » Mais au fond, il semble difficile, voire impossible de résumer « en abrégé » ce qui provoque le rire. Il y a tellement de techniques différentes qu'on aurait même du mal à en faire la liste : le burlesque, le comique de situation, l'humour noir, l'ironie, le comique visuel, les chatouilles aussi, bref, il y a de multiples manières de déclencher le rire et par suite, il doit sans doute y avoir de multiples mécanismes.

La vérité, c'est que le rire dépend de chaque individu et de chaque société : on ne rit sans doute pas de la même manière et des mêmes choses selon son caractère, son époque ou sa culture : on parle bien de l' « humour juif » ou de l' « humour anglais ». Il arrive qu'on se raconte une blague entre amis, et que quelqu'un s'immisce dans la conversation en nous demandant ce qui nous amuse : « Laisse, c'est une *private joke*, tu ne peux pas comprendre ! » Une « blague privée », parce qu'elle parle de quelqu'un qu'il faut connaître ou parce qu'elle se réfère à un souvenir que nous avons en commun. Et ceux qui ne l'ont pas vécu ne peuvent pas comprendre. Mais au fond, n'im-

1. A. Schopenhauer, *Le Monde comme volonté et comme représentation*, I, 13, coll. « Quadrige », PUF, 2008, p. 94.

porte quel rire repose sur des références qu'il faut avoir pour trouver ça drôle. Ne serait-ce que les jeux de mots, souvent intraduisibles d'une langue à l'autre : « You make like the tree, you leave » (« Tu fais comme l'arbre, tu t'en vas », sauf qu'en anglais *leave* signifie aussi « feuille »). Pour traduire cette réplique de *Retour vers le futur*, on a donc choisi un jeu de mot équivalent : « Tu fais comme dans l'infanterie, tu te tires ailleurs » – évidemment, il y a mieux. Mais s'il n'y avait que les problèmes de langue : chaque société a son histoire et ses références culturelles. Si Desproges se permettait de rire des camps d'extermination, c'est que les sujets sensibles n'étaient pas les mêmes en 1986. À l'époque, on riait aussi beaucoup des sketchs de Michel Leeb qui imitait les Noirs : « Ce ne sont pas mes lunettes, ce sont mes narines, là dis donc. » Aujourd'hui, il se retrouverait directement au tribunal – alors qu'on tolère toujours très bien le rire à propos des Chinois. En bref, ce n'est peut-être même pas qu'on riait plus hier qu'aujourd'hui : simplement, les références n'étaient pas les mêmes et de ce fait les limites non plus. D'ailleurs, on remarque ainsi que le rire n'est pas si naturel que ça : il est spontané, certes – on rit automatiquement sans trop savoir pourquoi –, mais il dépend de notre culture et sans doute de notre éducation ou de l'histoire de chacun. Ce qui faisait rire hier ne fait plus rire aujourd'hui, et Elie

Semoun arrive à faire rire avec son personnage de « Georges-André Gaillard », qui représente un humour ringard et dépassé. Mais peut-être finira-t-il de la même manière ? On ne peut donc pas rire de tout, et c'est d'autant plus vrai lorsqu'il s'agit de ces stand-up qui entendent faire rire avec la parole en se référant à des sujets très contemporains, comme la politique ou les débats de société : quand ces sujets ne feront plus débat, on ne trouvera plus ça drôle.

La solution ne consisterait-elle donc pas à rechercher des formes d'humour ou de comique plus universelles, qui passeraient les obstacles du temps, de la culture et des références ? Là encore, c'est ce que semblent suggérer certains qui, comme Bergson, s'attachent à *l'humour visuel*. C'est là qu'on retrouve l'idée « du mécanique plaqué sur du vivant » : on peut penser aux films de Charlie Chaplin, justement, qui d'abord sont muets, et ensuite reposent simplement sur les mouvements du corps de Charlot, bien souvent désarticulés. Un peu, aussi, comme les sketchs de Rowan Atkinson avec son personnage de Mr. Bean. Tout le monde peut en rire, car quelles que soient notre langue et notre culture, nous avons tous le même corps humain. Mais bon, je vous avouerai que les films de Charlie Chaplin ne me font pas beaucoup rire, et d'ailleurs, je déteste les mimes et les clowns. Donc, même quand on défend l'idéal d'un rire « universel », on retombe sur des formes d'humour qui ne plaisent pas forcément à tout le monde.

Il n'y a donc pas un seul sens de l'humour, si bien que personne ne peut rire de tout – et peut-être que certains ne rient de rien. Alors, rappelons encore une fois le principe : « Chacun ses goûts. » Mais si nous ne rions pas des mêmes choses ou de la même manière, pourquoi voudrait-on limiter le rire et interdire certaines formes d'humour ? Pourquoi ne pas accepter cette joyeuse diversité en prétendant que certains rires sont à proscrire ?

Le mauvais rire

Si l'on pense que le rire doit avoir des limites, c'est forcément qu'il a quelque chose de mauvais. En effet, si le rire était toujours agréable ou utile à soi-même et aux autres, il ne poserait de problème à personne. Mais bien souvent, le rire consiste à se moquer des autres. C'est en particulier Platon qui, dans le *Philèbe*, donne cette vision du rire qu'il considère comme « un mélange de peine et de plaisir[1] », manière de dire que notre joie repose sur des motifs peu reluisants et même qu'elle est surtout teintée de méchanceté. En général,

1. Platon, *Philèbe*, in *Œuvres complètes,* II, « Bibliothèque de la Pléiade », Gallimard, 1950, p. 606.

qu'est-ce qui nous fait rire ? Qu'est-ce qui est « risible » ? Le « ridicule ». Et qu'est-ce qui est ridicule ? Tout ce qui est « petit », à tous les sens du terme : de quantité ou de qualité négligeable. Ce qui est médiocre, léger, sans importance. Et ce qui est risible, pour Platon, c'est que ce qui est sans importance se donne de l'importance. C'est la « sottise » de ceux qui se surestiment : se croient plus beaux, plus grands ou plus intelligents qu'ils ne le sont. D'ailleurs, « ridiculiser » quelqu'un ou « tourner (quelque chose) en dérision », c'est montrer la bassesse de ce qui se croit supérieur pour le dévaloriser. La sagesse recommande : « Connais-toi toi-même. » Aristote aura à peu près la même vision : dans sa *Poétique*, il montre que ce que cherche à faire la comédie – et donc, ce qui nous fait rire –, c'est à « imiter des hommes pires » ou « sans grande vertu ». Là encore, ce sont les défauts des autres qui nous font rire. En bref, de Platon à Aristote, on comprend assez bien les ressorts comiques du film, *Le Dîner de cons*.

Ce sont non seulement les défauts des autres qui nous font rire, mais aussi leurs malheurs, et, depuis Platon, toute une tradition de penseurs a souligné la méchanceté, voire la haine qui s'exprimaient dans le rire : de Cicéron à Bergson, en passant par Hobbes ou Descartes. En effet, on rit en voyant quelqu'un glisser sur une peau de banane. Mais pourquoi rire du malheur des autres ou de leurs défauts ? Quel plaisir y a-t-il ? C'est dans notre nature : nous sommes tous un peu méchants, ainsi que Hobbes croit l'avoir remarqué. Avouons que les conversations les plus réjouissantes que nous pouvons avoir entre amis sont celles où l'on critique, on balance, on « taille des costards ». On se plaît beaucoup à dire du mal des autres – « Et maintenant, on parle de qui ? » C'est que le malheur des autres nous rend plus heureux – je suis soulagé de ne pas être à sa place. Et leurs défauts nous permettent de nous sentir supérieurs – de cette supériorité qui nous semble si ridicule chez les autres.

À partir de là, on comprend pourquoi on ne peut pas rire de tout. Ce n'est pas tellement qu'il y aurait des choses dont il ne faudrait pas rire, d'ailleurs. C'est que, tout simplement, on ne les trouve pas drôles. En effet, si le rire consiste à « se réjouir du mal[1] » des autres, on ne voit pas bien comment on pourrait rire de soi-même : de ses propres malheurs ou de sa propre médiocrité. D'après Platon, on ne peut pas non plus prendre de plaisir au malheur de ses amis. Si le rire exprime le mépris, voire la haine, on ne peut se moquer que de ses « ennemis » ou plutôt de ceux qu'on n'aime pas. Et puis, même quand il s'agit de ceux qu'on n'apprécie

---

1. Platon, *Philèbe*, *op. cit.*, p. 608.

pas beaucoup, il y a des limites au-delà desquelles le malheur des autres, quand il est trop grand, ne nous fait plus rire. Ce sont seulement les choses légères et sans importance qui sont risibles : rien de grave. Aristote lui-même remarque que la comédie montre des situations « qui n'entraînent ni douleur ni dommage[1] ». Si quelqu'un se tue en glissant sur une peau de banane, ça n'est plus drôle. Personne ne meurt dans *Vidéo gag* : on rit parce qu'il y a eu « plus de peur que de mal ». Hobbes ou Descartes défendent ainsi, à leur tour, un genre de hiérarchie des malheurs, dont certains degrés ne permettraient plus de rire, un peu comme on peut dire : « Je ne le souhaite pas à mon pire ennemi. »

Mais bien sûr, si les « trop grands » malheurs ne faisaient effectivement rire personne, on n'aurait pas besoin de poser la question : peut-on rire de tout ? Le problème, c'est que certains trouvent quand même ça drôle – allez savoir pourquoi. Pierre Desproges fait des sketchs sur l'extermination des Juifs, et Patrick Timsit s'amuse à comparer les trisomiques à des crevettes. Peut-on se permettre de rire de tels malheurs ou de se moquer de tels « défauts » ? On serait tenté de dire non. Dès qu'on considère que le rire est

1. Aristote, *Poétique,* V, Le Livre de poche, 1990, p. 91.

une moquerie, et qu'il y a *des limites* à se réjouir du malheur des autres, on peut sans doute penser qu'on *ne doit pas* rire de tout. Question de morale. D'abord, si comme le disent Aristote ou Platon, seules les bassesses et la médiocrité sont risibles, alors, il ne faut pas s'en prendre à ce qui est noble, important, bref, à ce qu'on doit plutôt respecter. Il y a des choses « sacrées » qu'il serait tout à fait déplacé de tourner en dérision, parce qu'elles n'ont rien de ridicule. C'est sans doute ce qui explique que la religion en général, et l'islam en particulier soient des sujets « sensibles ». Ensuite, si le rire traîne avec lui une certaine haine et prend plaisir à faire mal aux autres ou à les rendre malheureux, il ne faut pas les faire « trop » souffrir. Le ridicule tue, sans doute, surtout quand on ne l'a pas mérité. Ainsi, dans son *De oratore*, Cicéron croit pouvoir distinguer les sujets dont on peut rire, et ceux qui devraient être « interdits » : par exemple, on peut se moquer des défauts physiques (un gros nez, c'est rigolo), et plus encore de ceux qui ont des vices – pensons à DSK. C'est même salutaire : une manière de faire la morale, finalement. En revanche, on ne doit pas rire des cas trop « extrêmes » : des SDF, peut-être, ou d'un meurtrier pédophile, dont les agissements criminels n'ont plus rien de drôle. Bref, quand ça devient trop grave, trop sérieux, il n'y a plus de quoi rire.

Les limites de l'humour peuvent être donc, tout simplement, celles de la morale, laquelle nous incite à respecter les autres afin de pouvoir vivre ensemble : « *Faire aux autres ce que nous voudrions qu'on nous fît*[1]. » Ainsi, on peut considérer qu'il est même normal et justifié d'interdire certaines matières à rire trop blessantes, et de limiter l'humour comme on limite d'autres formes d'expression : l'homophobie, l'incitation à la haine raciale ou religieuse, etc. Après, libre à chaque société ou à chaque législateur de définir quels sont ses sujets « tabous », « sacrés », l'essentiel étant d'éviter les conflits.

Fini de rire ?

Mais si le rire a un si mauvais fond, ne vaudrait-il pas mieux rire de rien ? L'idéal ne serait-il pas de ne se moquer de personne ? Pourquoi vouloir à tout prix se complaire dans la méchanceté ? C'est d'ailleurs ce que pense Platon, au fond. Quand il décrit le monde idéal dans sa *République*, il estime qu'on devrait s'empêcher de rire, tout simplement. « Car presque toujours, quand on se livre à un rire violent, cet état entraîne dans l'âme un changement violent également. » Certes, « c'est bon de rire parfois », mais n'y a-t-il pas

1. T. Hobbes, *Léviathan,* XVII, Sirey, 1971, p. 173.

des moyens de se faire plaisir, sans que ce soit aux dépens des autres ? « Violent », le rire l'est surtout pour le rieur lui-même : pour Platon, il révèle un manque de maîtrise de soi, une détente, un relâchement et pour tout dire une vulgarité qui ne sert pas vraiment celui qui rit et au fond le rend aussi ridicule et grossier que ceux dont il se moque. Se débarrasser du rire gras, bête et méchant, c'est ce qu'on voudrait tous quand on se retrouve à un repas de famille avec le tonton blagueur qui sort ses vannes à deux balles : « Myopathe… de lapin ! » Il ressemble lui-même à ce personnage ridicule décrit par Platon, qui n'a pas conscience de sa propre bassesse et se croit plus drôle qu'il ne l'est – « Connais-toi toi-même. » Il y a des rires vulgaires et des humours de très mauvais goût qui ne conviennent à personne, et qu'il vaudrait mieux évacuer. Et finalement, le rire rend tout le monde ridicule.

Mais il y a quand même les rires de « bon goût », et si on ne peut pas rire de tout, ça ne veut pas dire qu'on ne peut rire de rien. Tout le monde le sait : il y a le rire gras, bête et méchant, et il y a un rire, ou plutôt, un humour bien plus subtil ou « spirituel », comme on dit. Il y a Bigard et son « lâcher de salopes », et il y a Desproges avec sa plume frôlant parfois la poésie. Dans l'un de ses articles, l'écrivain Dominique Noguez parle même de « l'humour contre le rire[1] ». Ça n'a donc rien à voir ! Ce ne sont peut-être pas tant les matières à rire qui font la différence – « de *qui* se moque-t-on ? –, mais plutôt les manières de rire. En effet, on opposerait volontiers le « comique » à *l'humour* qui, selon Freud, « non seulement constitue lui-même une des réalisations psychiques les plus hautes, mais jouit aussi de la faveur particulière des penseurs[2] ». Et Freud ne s'empêche pas de qualifier l'humour de « grandiose ». On peut penser aux fameux traits d'esprit d'Oscar Wilde, qu'il est toujours de bon ton de citer, à commencer par les mots qu'il aurait prononcés juste avant de mourir : son lit de mort se trouvait dans une chambre dont le papier peint était très moche – sans doute couleur marronnasse –, alors, dans un dernier souffle, l'écrivain irlandais aurait dit : « Ce mur est trop laid, l'un de nous deux doit disparaître. » Très spirituel ! À partir de là, à en croire Dominique Noguez, on peut voir ce qui est le propre de l'humour : d'abord, c'est la subtilité, l'esprit de finesse, bref l'intelligence dont il fait preuve, ne serait-ce que pour trouver le « bon » mot. On est loin de la vulgarité des blagues « en dessous de la

1. *Pourquoi rire ?*, chapitre X, sous la direction de J. Birnbaum, « Folio essais », Gallimard, 2011, p. 155.
2. S. Freud, *Le Mot d'esprit et sa relation à l'inconscient*, VII, 7, « Folio essais », Gallimard, 1988, p. 399.

ceinture ». Ensuite, l'absence d'émotion : le calme stoïque avec lequel Oscar Wilde accepte la mort. Et là, on est loin des emportements vulgaires du rire gras. En fait, l'humour ne fait même pas rire, mais plutôt sourire, et le plaisir qu'il procure est à peine perceptible. Savoir se contenir, c'est la marque de l'intelligence. Enfin, l'humour consiste surtout dans l'autodérision : non pas se moquer du malheur des autres, mais savoir tourner en dérision son propre malheur parce que, après tout, on est bien peu de chose.

Tout ça, c'est très bien, mais on aura peut-être compris que l'humour « grandiose » se veut tellement fin qu'il ne doit même pas faire rire. Et les amateurs de l'humour ne sont donc pas très loin de penser à peu près la même chose que Platon : rire, c'est toujours vulgaire, et l'intelligence, voire la bienséance exigent de ne pas rire. Il faut intérioriser ! Et puis, la fameuse autodérision n'a-t-elle rien à voir avec le rire « bête et méchant » ? En fait, bien souvent, si l'on rit de soi-même, c'est simplement pour éviter que les autres le fassent à notre place. Un peu comme cette fille qui éclate de rire après avoir glissé sur une peau de banane, pour empêcher les passants de se moquer d'elle. D'où, peut-être, la tendance actuelle à un rire très communautaire : les Arabes font des sketchs sur les Arabes, les Noirs sur les Noirs, les Juifs sur les Juifs, etc. Dans tous les cas, on fait mine de se moquer de soi-même pour déminer le terrain, et couper court à la méchanceté des autres.

En bref, quelles que soient sa cause ou sa forme, aussi subtil soit-il, le rire est toujours méchant : il est toujours animé par le plaisir de se moquer des autres et, sinon, par la peur que les autres se moquent de nous. C'est Bergson qui le remarque : le rire a toujours « un petit fond de méchanceté[1] », même quand il semble inoffensif et gentil, en prétendant ne s'en prendre à personne. Et à la fin, on imagine toujours que dans un monde idéal on n'aurait plus à rire de rien : si tout le monde se comportait comme il faut, si tous les gens étaient respectables ou respectés, plus personne ne serait ridicule, il n'y aurait plus de quoi rire. Et dans un monde où tous les hommes accepteraient leur sort de manière stoïque, supportant les malheurs que la vie leur réserve, il n'y aurait plus besoin de rire, même de soi-même, pour conjurer sa souffrance et sa tristesse. C'est ça, l'idéal du bonheur pour un philosophe comme Platon : ne pas se laisser troubler et rester impassible face au pire – « Philosopher, c'est apprendre à mourir. » Si on ne rit pas seulement des autres, mais aussi de soi-même, c'est pour s'empêcher de pleurer. Alors, quand tous les hommes seront sages et philosophes, ils

1. H. Bergson, *Le Rire*, chapitre III, II, *op.cit.*, p. 151.

n'auront plus besoin de ce remède, de cette « porte de sortie » qu'est le rire.

Ça fait froid dans le dos ! Un monde idéal où personne ne rit plus de rien… Pourquoi faudrait-il rire de tout, certes ? Mais pourquoi ne faudrait-il rire de rien ? Si l'humour n'est pas forcément la norme du bon goût, le sérieux non plus. Pourquoi le sérieux et l'austérité seraient-ils des signes extérieurs d'intelligence ? C'est douteux. Il semble que les esprits chagrins qui n'ont aucun humour veuillent imposer leur morosité à tous. Le problème, comme on le voit, c'est qu'à partir du moment où l'on estime qu'on ne peut pas rire de tout on en arrive vite à l'idée que, finalement, il ne faut rire de rien. Est-ce vraiment ce qu'on veut, quand on demande : peut-on rire de tout ? C'est peut-être qu'au fond on ne peut rire *que* de tout – ou sinon, de rien du tout.

Il faut rire de tout

« Une fois qu'on a passé les bornes, il n'y a plus de limites. » (Alphonse Allais)

« Qu'est-ce qui sent des pieds, de la chatte et des fesses et qui est roulé en boule ? Un collant. » Qu'est-ce qui fait rire dans l'humour gras, la grossièreté – ou la vulgarité, comme on voudra ?

Jean-Marie Bigard ne vous fait pas rire ? Vous trouvez ça de mauvais goût, lourd ou « beauf » ? Eh bien, « nous n'avons pas les mêmes valeurs », mais pourquoi les vôtres seraient-elles meilleures que les leurs ? Comme d'habitude, avant de juger, demandons-nous ce qui se passe : il y a bien des gens qui trouvent ça drôle – et peut-être qu'au fond tout le monde trouve ça drôle, même si certains s'empêchent ou s'interdisent d'en rire. « Bite », « cul », « chatte », c'est vulgaire, mais pourquoi ça fait rire ? Le plaisir de l'humour « en dessous de la ceinture » et des « gros mots » qui se réfèrent au sexe vient justement de ce qu'on parle de sujets tabous. Ce n'est pas le mot qui fait rire, mais ce à quoi il se réfère : la « bite » d'amarrage n'est pas un gros mot. On ne rit pas des choses sexuelles *malgré* leur caractère vulgaire ou leur mauvais goût, mais *parce qu*'elles sont vulgaires et de mauvais goût. On rit de s'en prendre aux règles de la bienséance ou même de la morale. Reste à savoir pourquoi le sexe, le corps ou les parties génitales, ce serait mal ou honteux – alors qu'il n'y a pas de mal à se faire du bien. Apparemment, nous avons subi des siècles de domestication qui nous ont dressés à la haine de notre propre corps. Mais si on se permet d'en rire et d'en parler, c'est peut-être pour faire la nique à cette morale qui, au fond, ne nous semble pas tout à fait justifiée. C'est vulgaire, obscène ? Et pourquoi ça devrait l'être ? Qu'y a-t-il de dangereux dans les choses sexuelles ?

Le plaisir qu'on prend aux propos salaces et aux blagues de mauvais goût nous montre donc que le rire est déclenché par la transgression, et Freud voit dans cet « esprit obscène » le moyen de se défouler contre la discipline qu'on cherche à nous imposer. En effet, la vie en société exige certaines règles, et l'éducation nous apprend à renoncer à nos instincts naturels, et en particulier sexuels. Le petit enfant aime bien être tout nu, toucher son kiki, et les pipi-caca : mais on lui apprend à être « propre », à se passer de couches, et à évacuer ses saletés dans les toilettes. C'est le signe qu'on est bien élevé. Mais au fond, il est difficile, voire impossible de se débarrasser de ses instincts : on ne peut pas y renoncer totalement, on ne peut que les refouler. Autrement dit, on s'interdit de les satisfaire, mais ils sont toujours là. « Du fait du travail de refoulement effectué par la civilisation, des possibilités de jouissances primaires, mais désormais rejetées par la censure qui agit en nous, se trouvent perdues pour nous[1]. » Alors, de temps en temps, il faut bien se défouler : « C'est bon de rire, parfois », parce que ça permet de satisfaire ses instincts « les plus

1. S. Freud, *Le Mot d'esprit et sa relation à l'inconscient,* III, 2, *op.cit.*, p. 196.

bas » qui, tout bas qu'ils sont, font quand même partie de notre nature. Et comme ils sont naturels, ça fait rire tout le monde.

En effet, les « beaufs » ou comme les appelle Freud, « les gens du commun » ne s'empêchent pas les bonnes blagues bien lourdes – comme le fameux tonton des fêtes de famille –, mais si les gens bien élevés font preuve de plus de finesse, il n'empêche qu'ils rient des mêmes choses. Vous connaissez peut-être la fameuse anecdote sur le président de la République Félix Faure : il est mort à l'Élysée en fâcheuse posture, en compagnie d'une jeune femme qui lui prodiguait une fellation. Et Georges Clemenceau aurait donc sorti : « Il s'était cru César, il est mort Pompée. » On doit sans doute trouver des jeux de mots plus subtils, mais c'est déjà plus fin que les blagues du tonton qui ne peut pas s'empêcher de dire « pipe » à tout bout de champ. Mais c'est seulement plus fin dans la forme, et comme le dit Freud, quand on est éduqué, on se contente d'*allusion*s en évitant de dire les choses de manière crue. Il faut être d'autant plus éduqué qu'il faut connaître César et Pompée, comprendre qu'on se réfère au statut de chef de l'État de Félix Faure, etc. L'essentiel, c'est que les soi-disant sujets « en dessous de la ceinture » ne sont pas réservés aux beaufs : tout le monde en rit parce que tout le monde prend du plaisir à transgresser les règles.

Et d'après Freud, la seule différence, c'est que le niveau d'éducation entraîne un refoulement ou une censure plus ou moins forts : dans les milieux sociaux élevés – « CSP+ », branchés, bobos, etc. –, l'éducation a été plus sévère contre les instincts et on a plus de mal à parler clairement ou crûment des choses. Il n'empêche qu'on cherche – et qu'on trouve – le moyen d'en parler. Finalement, on se rend compte que la *vulgarité* n'est pas du tout liée aux sujets de plaisanterie : les histoires de fesses, ça fait rire tout le monde. Elle est simplement liée à la manière d'en parler, qui révèle le niveau d'éducation et la classe sociale à laquelle on appartient. Ce qui est vulgaire, ce n'est pas ce dont on rit, mais plutôt comment on en rit et surtout : *qui* en rit ?

Il n'y a donc pas vraiment un rire gras et vulgaire qui se distinguerait d'un humour fin et subtil : au fond, on rit toujours des mêmes choses. Surtout, il n'y a pas lieu de faire la différence entre le bon goût et le mauvais goût : le rire est *toujours de mauvais goût*, parce qu'il se réfère, de manière plus ou moins explicite – et c'est la seule différence – à tout ce que la société nous interdit, aux sujets « tabous ». Pour reprendre le fameux « Il est mort Pompée » : avouons que c'est l'allusion sexuelle qui fait rire. Alors, si le propre du rire est dans la transgression des codes, des règles et des interdits de la bienséance, voire de la morale, quel sens y aurait-il à vouloir *limiter* le rire au nom de la morale ? Ce n'est pas à la morale de limiter le rire ou du moins de le remettre en question puisque, au contraire, c'est le rire qui permet de remettre la morale en question et même de la transgresser. Et dès qu'on commence à rire de la morale, on ne peut plus instaurer une morale du rire. Comme dirait l'autre : « Une fois qu'on a passé les bornes, il n'y a plus de limites. »

Le rire libérateur

C'est bon de rire, parfois, parce que ça fait du bien de se défaire des règles que la société nous imposent, et auxquelles nous avons l'habitude de nous soumettre sans broncher. Le propre du rire, c'est la transgression. Alors, on ne peut pas vraiment prétendre qu'il y aurait des sujets « tabous » auxquels il serait interdit de toucher, puisque ce sont ces sujets-là qui nous font rire. Pas de sujets « sacrés » non plus : il ne faudrait pas rire de la religion, respecter les autres, ne pas se moquer, mais qui le dit ? La morale ? Mais c'est de la morale qu'on se moque grâce au rire. On passe déjà sa vie à s'y soumettre, alors, si on ne peut même pas en rire…

Vous connaissez peut-être Diogène le Cynique qui vécut à Athènes au IVe siècle avant Jésus-Christ. Le moins que l'on puisse dire, c'est qu'il était sale et ne se conformait pas du tout aux règles de la bienséance. Diogène vivait un peu comme un chien, ne respectant rien, ni personne. On rapporte beaucoup de répliques de Diogène, et toutes sortes de moqueries à travers lesquelles il ridiculisait les autres et tournait la morale en dérision. D'ailleurs, le *cynisme* est resté dans le langage courant, et désigne un humour sarcastique qui consiste à se moquer des conventions sociales, et de tout ce qui semble avoir de la valeur. On nous dit qu'il y a des choses dont on ne doit pas se moquer, parce qu'elles sont trop sérieuses ou sacrées et qu'on doit les respecter. Mais par son comportement « cynique », Diogène entend montrer qu'il n'y a rien à respecter ou plutôt que les valeurs auxquelles la société est tant attachée sont de fausses valeurs. Il n'y a qu'à penser à ce que la société moderne appelle des V.I.P. ou des personnes « très importantes » qui sont souvent des starlettes, des candidats de téléréalité ou des footballeurs. Qu'est-ce qu'elles ont d'important ? Et pourquoi la plupart des gens leur font-ils des révérences et des courbettes ? Diogène aurait peut-être aimé la sale blague du collant qui revient à peu près à dire que même la plus belle femme du monde a huit mètres d'intestins dans le ventre. Et les collants, même les plus classes et les plus scintillants, recouvrent les organes par lesquels s'exercent nos fonctions biologiques les plus bestiales. Alexandre le Grand – comme son nom l'indique – passe pour être un « grand homme », parce qu'il détient le pouvoir politique. Mais cela ne fait pas forcément de lui un « grand » homme. C'est ce que lui montre le philosophe cynique en tournant son si grand pouvoir en dérision : « Je peux faire tout ce que tu veux », semble-t-il suggérer à Diogène, et celui-ci lui demande simplement de se pousser. Et pendant que le monde observe l'irrésistible ascension d'Hitler, Charlie Chaplin le ridiculise dans *Le Dictateur*. C'est un peu la même dérision du pouvoir politique qui s'exprime dans le bon mot de Clemenceau au sujet de Félix Faure évoqué précédemment : son pouvoir ne l'empêche pas d'être un homme, et d'être mortel. Et la situation « ridicule » dans laquelle il est mort détruit tout le respect qu'on pouvait avoir pour sa fonction. La situation est d'autant plus drôle qu'elle concerne le « premier » personnage de l'État, et l'autorité suprême de la République. Et le rire permet de prendre un peu de recul face au respect que le pouvoir a l'habitude de nous inspirer. D'ailleurs, c'était bien le rôle du bouffon ou du fou du roi que de se moquer de la comédie du pouvoir, sans doute pour rappeler au monarque de ne pas prendre trop au sérieux sa grandeur puisque, après tout, il reste un homme.

Platon soutenait que le propre du ridicule, c'est de se croire plus grand qu'on ne l'est, de se donner plus d'importance qu'on en a en réalité. Mais il semblait penser qu'on ne doit pas se moquer des choses nobles ou des sujets « sérieux ». Or, le rire permet de montrer que rien n'est vraiment sérieux, ou en tout cas, pas assez pour qu'on en fasse un objet « sacré » auquel il serait absolument interdit de toucher. Le rire est le moyen de faire tomber de leur piédestal toutes les autorités qui cherchent à imposer le respect : le pouvoir politique, la religion, la morale, les lois mêmes, ou les anciens combattants. On ne peut pas rire de tout, nous dit-on : on ne devrait rire que des choses sans importance et des gens ridicules, et ne pas « désacraliser » ce qui est digne de respect. Mais c'est plutôt l'inverse : il est inutile de tirer sur l'ambulance. Aujourd'hui, la politique est tellement désacralisée qu'il est facile de la ridiculiser. À la limite, elle aurait presque besoin qu'on lui redonne un peu de noblesse – presque. Au contraire, on doit rire des choses les plus respectées, afin de s'en libérer. Transgression, le rire est un moyen de subversion : il ne consiste pas tellement à rabaisser les autres pour montrer qu'on leur est supérieur. Il rabaisse plutôt tous ceux qui se voudraient supérieurs aux autres pour rétablir un peu d'égalité, parce que, au fond, personne n'est supérieur aux autres.

On peut donc rire de tout, on doit rire de tout. Même et surtout de tous ceux qui voudraient qu'on les prenne au sérieux, pour mieux nous soumettre.

Le rire n'est-il pas sérieux ?

C'est surtout qu'il semble y avoir un malentendu quand on parle de ce qui est « sérieux ». En un sens, le rire est contraire au sérieux : « C'est pour rire, ce n'est pas sérieux. » Et d'habitude, celui qui est « sérieux » est tout simplement quelqu'un qui n'est pas en train de rire : « Arrêtez de rire ! Un peu de sérieux ! » Mais le « sérieux » désigne aussi tout ce qui est important, comme les sujets « sérieux » : les sujets graves qu'il ne faut pas prendre à la légère. Du coup, on a tendance à penser que le rire est forcément lié – et doit être lié – à tout ce qui n'a aucune importance, aux sujets légers. D'où, sans doute, cette mauvaise réputation de la comédie par rapport à la tragédie ou aux films dramatiques. D'où, aussi, l'idée d'Aristote selon laquelle on ne peut rire que des choses « qui n'entraînent ni douleur ni dommage ». Il ne faudrait pas rire des malheurs trop grands ou des souffrances trop extrêmes – il y a des limites. Mais justement, le rire ne concernet-il pas les choses les plus sérieuses, les sujets les plus graves et les pires malheurs ? Comme le remarque encore Desproges lors de son fameux « réquisitoire » : « Est-ce qu'elle se gêne, elle, la mort, pour se rire de nous ? » Platon disait justement que le rire est « un mélange de peine et de plaisir », et c'est peut-être parce qu'il nous offre le moyen de nous réjouir de nos plus grands malheurs. *Nos* plus grands malheurs : on peut bien rire de la mort, de la maladie, de la guerre, du handicap, parce qu'ils nous concernent tous. Quand nous en rions, ce n'est pas pour se moquer des autres, mais de notre humaine condition, commune, parce que ça peut toujours nous arriver. Même et surtout la mort, qui nous arrivera à tous, de toute façon. Alors, en attendant, pourquoi ne pas en rire ? Et pourquoi est-ce que nous en rions ? D'abord, peut-être, parce que la mort elle-même ne se gêne pas « pour se rire de nous » et ainsi nous montrer qu'au fond rien n'est sérieux, que notre vie ne vaut pas grand-chose. Nous rions alors du ridicule de tout ce qui nous paraît si grand et si sérieux dans notre vie. « Le dernier acte est sanglant, écrit Pascal, quelque belle que soit la comédie en tout le reste : on jette enfin de la terre sur la tête, et en voilà pour jamais[1]. » Il

1. B. Pascal, *Pensées*, 210, GF-Flammarion, 1976, p. 110.

en est ainsi de tout le monde, y compris de ceux qui se croient plus importants et plus malins que les autres. Et à la fin, personne n'échappe au ridicule de sa propre vie. Les plus malins sont sans doute ceux qui l'ont bien compris, et parviennent à en rire, comme le fameux Oscar Wilde, peut-être, ou comme Desproges : « Plus cancéreux que moi, tumeur. » Le rire n'a rien de « léger » : il est bien plus difficile de rire de notre malheur que d'en pleurer, mais c'est le meilleur moyen de lutter contre la mort, de se moquer d'elle, pour lui montrer qu'elle ne nous empêche pas de profiter encore de la vie.

Personne n'y échappe et ça peut toujours nous arriver. Nous ne rions donc jamais vraiment du malheur des autres, mais nous en rions plutôt avec eux. Un jour de rentrée, j'ai demandé à une copine à moi : « Qu'est-ce que t'as fait pendant tes vacances ? » Elle me répond : « Ma grand-mère est morte, et j'ai travaillé. » Alors, je lui dis : « Et qu'est-ce que tu as préféré ? » On comprendra ou pas. Elle m'a compris, on s'est compris : on a dit que le rire était toujours « private joke » et qu'il fallait toujours une expérience ou des références communes pour rire ensemble. Bien sûr que j'étais désolé, que c'était triste et que je compatissais. Mais qu'est-ce que je pouvais dire : « Ce n'est pas grave » ? « La mort, ça arrive à tout le monde » ? Inutile sans doute. Rire du malheur des autres peut donc être un moyen d'exprimer sa sympathie. Le rire n'est pas toujours ce qui nous divise : bien souvent, c'est ce qui permet de détendre l'atmosphère. Quand on essaie d'être drôle – même si on n'y arrive pas toujours –, c'est rarement pour se fâcher avec les autres. Au contraire, c'est pour les mettre à l'aise, attirer leur attention, établir une complicité. Le rire peut bien être méchant, mais on rit toujours avec les autres. Ce sont les autres qu'on essaie de faire rire – même aux dépens de quelqu'un. Si nous étions des êtres purement égoïstes et méchants comme semble le penser Hobbes, nous ne tenterions jamais d'être drôles.

Peut-on rire de tout ? Quand on voit toujours dans le rire ce « petit fond de méchanceté » qui le caractérise, on croit devoir lui donner des limites, mais à la fin, on peut en arriver à ne plus rire de rien. Il semble bien qu'on ne puisse rire que de tout. Mais alors, vraiment de tout, y compris de soi-même. C'est qu'en fait, le rire n'est pas une forme d'expression comme les autres : il comprend toujours un recul et ce fameux « second degré », qui permet toujours de prendre de la distance, y compris vis-à-vis de ses propres malheurs.

Le rire est son double[1]

Le rire est le signe de l'intelligence

On peut rire de tout, on doit rire de tout, mais tout le monde n'y arrive pas, tout le monde n'en est pas capable – « C'est au-dessus de mes forces. » Tout comme Platon parlait d'un « naturel philosophe », il y a peut-être un « naturel comique » qu'on appelle, judicieusement, le *sens* de l'humour, manière de montrer qu'il a quelque chose de spontané. C'est que l'humour demande à la fois de l'intelligence et de la distance.

Même la pire contrepèterie du monde demande de l'intelligence : « Je te laisse le choix dans la date », « Il est plus facile d'arriver à pied par la Chine, que d'arriver à… » Vous pourrez les trouver aussi graveleuses que vous voulez, vous comprenez bien qu'elles ne se comprennent pas directement : celui qui lance une contrepèterie ne dit rien, et ne prononce pas de gros mots, et celui

1. Petit clin d'œil au titre de l'excellent livre du philosophe Clément Rosset, *Le Réel et son double* (« Folio essais », Gallimard, 1993). Sauf que si on ne connaît pas, on ne peut pas comprendre – c'est une *private joke* qui ne fera rire que deux pauvres intellos dans le monde. Il faut comprendre le jeu de mots qui consiste à remplacer « et » par « est ». Vous me direz qu'il y a mieux et qu'on n'est pas mort de rire, mais c'est moi qui l'ai fait !

qui l'écoute non plus, d'ailleurs. C'est dans sa tête qu'il doit inverser la première lettre de certains mots pour retrouver les « gros mots » contenus dans la phrase. Tout cela est très implicite, et tout cela demande à être décrypté, interprété, en un mot, *compris*. Celui qui ne dispose pas des facultés intellectuelles suffisantes pour comprendre l'implicite et opérer des déductions dans sa tête sera incapable de rire. Il ne verra même pas qu'il y a des gros mots qui se cachent dans la phrase. Et quand on lui dira : « Je te laisse le choix dans la date », il restera sans réaction, et dira peut-être : « 'Comprends pas ! » En un sens, on n'a jamais l'air aussi idiot que lorsqu'on ne rit pas à une plaisanterie. Ça veut dire qu'on n'a pas réussi à comprendre. Aristote lui-même, qui rejette pourtant le comique du côté des choses les « plus vulgaires », admet, dans une célèbre formule, que le rire est « le propre de l'homme ». Il suggère ainsi que le rire distingue l'homme des autres animaux, voire qu'il le rend supérieur. C'est sans doute qu'il est le signe de son intelligence. Bergson n'écrit-il pas que le comique « s'adresse à l'intelligence pure[1] » ?

Parce qu'il faut de l'intelligence pour rire – et faire rire. Freud le montre aussi en analysant « la

1. H. Bergson, *Le Rire*, chapitre I, *op.cit.*, p. 4.

technique du mot d'esprit », avec des exemples assez différents des contrepèteries. Il rapporte une anecdote américaine : deux hommes d'affaires assez pourris avaient fait fortune de manière plutôt malhonnête, et, pour se faire accepter dans la bonne société, ils avaient organisé une fête. À cette occasion, ils avaient demandé à l'artiste le plus en vue de la place de peindre leur portrait. Lors de la soirée, ils amènent un critique d'art devant le mur où les deux portraits ont été accrochés, s'attendant sans doute ou du moins espérant lui en mettre plein la vue. Et comme Freud le raconte assez bien, au lieu de s'émerveiller devant les deux portraits, le critique d'art se gratte un peu la tête et demande : « Et où est le Sauveur[1] ? » Il faut comprendre *l'allusion* : le « Sauveur », c'est Jésus qui a été crucifié entre les deux larrons, les deux brigands. Manière à peine voilée, donc, de se moquer des deux hommes d'affaires, au lieu de leur cirer les pompes. À peine voilée, mais voilée quand même : ça permet de dire ce qu'on a à dire, sans insulter directement ses hôtes. Il faut comprendre l'allusion, et si les hommes d'affaires ne rient pas, c'est le signe de leur bêtise – et la confirmation de ce qu'on doit penser d'eux. Ce qui fait rire, c'est non seulement la moquerie, mais

1. S. Freud, *Le Mot d'esprit et sa relation à l'inconscient*, II, 11, *op. cit.*, p. 151.

aussi la *trouvaille* : il faut de l'intelligence, voire du génie pour inventer ce mot d'esprit. Et c'est ce qui provoque le rire. On ne rit pas tellement de la méchanceté de la plaisanterie : si notre critique d'art s'était contenté d'insulter ces hommes d'affaires, il n'y aurait rien de drôle. Par le rire, on salue l'effort d'imagination demandé par ce mot d'esprit qui s'élève au niveau d'une création artistique. Il faut du talent ou du génie pour trouver une plaisanterie qui fait rire – et d'ailleurs, la plupart des gens se contentent de répéter les histoires qu'on leur a racontées, parce qu'il est très difficile d'en inventer. Même la pire blague du monde demande ce talent. Et pour paraphraser La Rochefoucauld, on pourrait dire que le rire est l'hommage que l'intelligence rend à la bêtise – c'est bon de rire, parfois.

Le rire demande de la distance

Il n'est pas question de dire que les gens qui ne rient pas ne sont pas intelligents ! Il s'agit de dire que ceux qui rient ne le sont pas moins. Pour reprendre La Rochefoucauld, même, on peut dire que le rire est « l'hommage que la vertu rend au vice ». Quand la justice refuse de donner suite aux plaintes de ceux dont on se moque – et il ne *faut* pas qu'elle donne suite –, la décision est toujours motivée par le fait que « c'était de l'humour ».

Qu'est-ce que ça veut dire ? Ça veut dire que c'était du second degré : c'était pour rire, et ça n'était pas sérieux. Pas sérieux, non pas dans le sens où le sujet n'était pas sérieux – comme on l'a dit, le rire peut porter sur les sujets les plus graves. Ce n'était pas sérieux dans le sens où le comique ne *pensait pas vraiment* ce qu'il disait. C'est d'ailleurs la définition de l'ironie : faire comprendre ce qu'on a à dire, en disant le contraire de ce qu'on dit. D'où les malentendus à propos de Patrick Timsit qui a dû faire amende honorable en lançant une association pour aider les trisomiques – ce qui était plutôt une mauvaise idée. Le comique en général, et le propos humoristique en particulier, repose toujours sur la distance : toujours complice de ce qu'il dit, il est toujours en même temps *critique*. Le fameux sketch de Desproges sur les Juifs parle évidemment d'un point de vue qui n'est pas celui de Desproges. C'est pour cette raison qu'on ne peut pas rire « avec n'importe qui » : pas avec Le Pen, pas avec un antisémite, parce qu'il ne prendra pas ce texte au « second degré ». Ceux qui ne rient pas et se sentent insultés ne le prennent pas non plus au « second degré », comme ces parents de trisomiques. Mais qui pourrait leur reprocher ? Pour trouver ça drôle, il faut être capable de prendre de la distance, et de ne pas être trop « sensible ». En fait, ce ne sont pas les sujets qui sont « sensibles », ce sont les gens. C'est la raison pour laquelle on peut rire de tout – si on en est capable.

Quand Bergson écrit que le comique s'adresse à l'intelligence pure, il précise : « Le comique exige donc enfin, pour produire tout son effet, quelque chose comme une anesthésie momentanée du cœur. Il s'adresse à l'intelligence pure. » L'humour ou le rire demandent de la distance, y compris envers les pires malheurs, y compris envers ses propres malheurs. Quand ils s'abattent sur nous, nous pouvons soit en rire, soit en pleurer. Ce qui fait rire dans les bons mots de Desproges sur sa propre mort, ou dans ceux d'Oscar Wilde, c'est la capacité de ces hommes à ne pas être affectés et à rester froids, « stoïques » et sans réaction, face à la pire chose qui puisse leur arriver : leur propre disparition. Et bien sûr, on rit pour ne pas pleurer : c'est finalement le sens du « mélange de plaisir et de peine » que Platon voit dans le rire. Ceux qui possèdent cette distance ne peuvent sans doute pas demander à tous les autres de l'avoir. Comme le disait Shakespeare, donc, « la fortune d'une plaisanterie se trouve dans l'oreille de celui qui l'entend, jamais sur la langue de celui qui la fait ». Mais à l'inverse, ceux qui ne possèdent pas cette distance ne peuvent pas non plus demander aux autres de l'effacer. Il n'est ni meilleur ni pire de rire ou de pleurer : c'est une question de tempérament, de caractère peut-être, et ça dépend de l'histoire de chacun. On se défend comme on peut. On peut rire de tout : moralement, juridiquement. La seule condition, c'est d'être drôle et de faire rire. À vrai dire, le problème se résout très facilement : le rire est à lui-même son propre critère, sa propre limite, sa propre sanction. Si c'est drôle, on peut en rire et si ce n'est pas drôle, on ne peut pas. Quand c'est drôle, on ne songe pas une seconde à poser la question : peut-on rire de tout ?

Conclusion

On peut rire de tout, mais tout le monde n'en est pas capable. C'est une affaire de sensibilité. Aucun sujet n'est assez « grave » ou assez sérieux pour qu'on s'empêche d'en rire. On aurait donc du mal à imposer des limites morales et plus encore juridiques au rire : si on commence à faire la liste de tout ce dont on ne peut pas rire, chacun voudra y retrouver les sujets qui lui paraissent tabous ou sacrés, et on n'en aura jamais fini. Comme tout le monde n'a pas le même humour, pourquoi certains pourraient-ils prétendre imposer leurs goûts à tous les autres ? En fait, on imagine qu'aucune « liste » ne tiendrait la route : on trouvera des gens prêts à rire de n'importe quoi. La seule limite au rire n'est ni moral ni juridique, elle est seulement affective ou psychologique. On peut rire de tout, donc, mais tout le monde ne peut pas rire.

Au fond, le rire est à lui-même son propre critère, et quand la morale ou même la loi s'en mêlent, c'est qu'on n'a pas réussi à faire rire – « Vous trouvez ça drôle ? » On soupçonne que, cette fois, ça n'était pas *pour rire*. En effet, ceux qui voudraient donner des limites au rire n'ont sans doute pas compris sa spécificité : il ne s'agit pas d'une forme d'expression comme une autre. On peut bien interdire certains propos au nom de la tolérance et de la morale et, par exemple, sanctionner les incitations à la haine religieuse, raciale ou à l'homophobie. Dans ce cas, l'auteur pense ce qu'il dit. Mais tout le monde a bien perçu que l'humour comprenait toujours une prise de distance, un recul et ce fameux « second degré » par rapport à son sujet. Comme le remarque Cicéron, ce qui fait rire peut « toujours aussi se tirer de pensées graves ». Autrement dit, la même phrase peut être drôle ou non, selon qu'on la prend au premier ou au second degré. Il donne l'exemple d'une phrase prononcée par Néron à propos de l'un de ses esclaves : « C'est le seul dans la maison pour lequel il n'y ait rien de scellé, ni de fermé. » Au premier degré, cette remarque pourrait simplement vanter les qualités d'un serviteur modèle : on peut avoir confiance en lui, donc, inutile de fermer les coffres de la maison. Mais il s'agit d'une phrase satirique, en fait : ce serviteur est un voleur, aussi, il ne s'empêche pas de fouiller partout : « C'est le seul dans la maison pour lequel il n'y ait rien de scellé, ni de fermé. » À partir de là, tout le problème est d'apprécier la distance : est-ce bien du second degré ? En fait, tout le monde est d'accord : on peut rire de tout, si c'est bien de l'humour. Le tout est de faire rire. Quant à savoir si ce qu'on dit est vraiment drôle, la morale et les lois ne peuvent pas le savoir. Comme le remarque encore Cicéron : « C'est au bon sens, c'est à notre propre dignité de nous faire juger de l'à-propos. »

Après, on peut sans doute s'agacer de la tendance actuelle à vouloir mettre de l'humour et des humoristes partout, comme s'il *fallait* rire de tout. On peut rire de tout, mais on n'est pas obligé. Comme on l'a vu, le rire demande un certain recul, une certaine anesthésie de la sensibilité dont tout le monde n'est pas capable et, surtout, que tout le monde n'accepte pas. On a aussi le droit d'être sensible et de faire preuve de compassion.

Mais à l'inverse, on peut aussi s'agacer du préjugé selon lequel les rieurs seraient toujours des imbéciles, comme si le bon goût et l'intelligence se reconnaissaient au fait qu'on prend tout au sérieux. Au contraire, il me semble que l'humour est la forme achevée de l'intelligence : il requiert une vivacité, une fulgurance d'esprit, même, pour comprendre « ce qu'il y a de drôle, et si on ne rit pas, mais oui, c'est tout bonnement qu'on n'a pas compris. C'est très difficile de définir l'intelligence. Mais je dirais que les deux critères les plus reconnaissables sont l'humour et le doute. Il n'y a qu'à voir, à l'inverse, à quoi ressemble celui qui ne doute de rien et prend tout au sérieux, comme l'intégriste qui refuse obstinément de changer d'opinion, comme il refuse aussi, d'ailleurs, de changer de sujet. C'est lui, surtout, qui voudrait nous interdire de rire.

Qu'en disent les philosophes ?

Rire et morale

Peut-on rire de tout ? Au fond, la question revient à s'interroger sur les relations entre le rire et la morale. Mais tout le problème est de savoir si la morale peut justement prétendre limiter le rire : dès lors que le rire se présente comme un écart et même une transgression de la morale, on ne voit pas bien ce qu'elle pourrait venir faire dans cette galère. « Une fois qu'on a passé les bornes, il n'y a plus de limites », disait Alphonse Allais. Nous rions justement, ou du moins nous « pouffons » quand nous nous autorisons quelques allusions à ce que nous interdisent la bienséance, les bonnes manières et la morale.

Mais les textes philosophiques sur le rire sont rares ou, plutôt, ils sont très éclatés : il y a peu d'œuvres ou d'essais exclusivement consacrés au rire. Bien sûr, on pense tout de suite à Bergson, sans doute le seul auteur qui ait consacré un livre entier sur *Le Rire*. Aussi, s'il ne traite pas spécifiquement de la question « peut-on rire de tout ? », on aura du mal à ne pas en proposer une lecture, d'autant qu'on y trouve effectivement une thèse intéressante et finalement assez originale sur les liens entre le rire et la morale. Contrairement à la longue tradition issue de Platon et d'Aristote, qui fait du rire le signe d'un esprit vulgaire dans lequel on trouve toujours « un petit fond de méchanceté », Bergson semble insister sur la fonction *moralisatrice* du rire. D'après lui, le rire ne consiste pas à s'opposer à la morale ou à la transgresser, mais il est au contraire la sanction grâce à laquelle la société « fait la morale » aux individus ou, du moins, leur rappelle les exigences de la vie en société.

Mais nous reviendrons d'abord aux conceptions plus « classiques » du rire. Platon et Aristote en traitent finalement assez peu, ce qui révèle le mépris qu'ils ont pour le rire. Quoique : dans sa *Poétique* consacrée à la tragédie, Aristote annonce qu'il traitera de la comédie dans un second livre qui a peut-être existé, mais qui a été perdu – et dont Umberto Eco a d'ailleurs fait le sujet de son *Nom de la rose*. Aussi, nous parlerons plutôt de ce que Cicéron a écrit sur le rire : d'abord, parce qu'il s'inspire lui-même en partie de Platon ou d'Aristote, ensuite, parce qu'il lui consacre de longues pages dans le second livre de son *De oratore*. Pour lui, le rire est bien une arme qui exprime le mépris, si bien qu'il doit y avoir des limites : on ne peut pas rire de tout, et Cicéron nous dit précisément quel rire la morale autorise, et lequel elle interdit.

Avant cela, on peut faire un détour par l'expression du rire qui semble la plus immorale et la plus iconoclaste : le rire cynique, le rire de Diogène qui semble ne connaître aucune limite. Mais nous découvrirons que les apparences sont sans doute trompeuses, car derrière la folie et la provocation de Diogène se cachent peut-être toute la sagesse et le sérieux du philosophe.

Diogène : le cynisme contre la morale ?

Diogène ne *dit* rien du rire, mais il le pratique. Et le moins que l'on puisse dire, c'est qu'il n'a *aucune limite* : apparemment, il ne respecte rien ni personne, se moque de tout, et de toutes les manières qui soient, de la plus vulgaire à la plus spirituelle. Un genre de mix entre Bigard et Oscar Wilde. Beaucoup de gens connaissent sans doute les « clichés » sur Diogène : il portait un manteau sale, vivait dans un tonneau, se masturbait dans la rue et pissait sur les passants – oui, oui : *sur* eux. Il les insultait même, ou leur « aboyait » dessus, comme on dit, à la manière d'un chien, d'où son nom de *cynique*, « chien » en grec, hérité de son maître Antisthène. On connaît encore, peut-être, la fameuse anecdote à propos d'Alexandre le Grand venu lui déclarer : « Demande-moi ce que tu veux. — Arrête de me faire de l'ombre ! » répliqua Diogène[1]. » Mais des anecdotes de ce genre, il y en a bien d'autres, de la pire à la meilleure, et dans le rire de Diogène, on trouve à boire et à manger.

Petit florilège : bien avant l'émission *Jackass*, Diogène faisait subir à son corps les pires sévices en se roulant nu sur le sable brûlant, en été, et l'hiver, dans la neige.

Invité dans une riche demeure, on demande à Diogène de ne pas cracher – comme on peut demander à *Columbo* d'éteindre son cigare. Et bien sûr, « après avoir expectoré bruyamment, Diogène crache au visage du bonhomme en lui disant qu'il ne pouvait trouver pire crachoir ». On frôle la violence physique.

Apercevant une femme « prosternée » en train de prier, Diogène lui lance : « Ne crains-tu pas, ma fille, qu'un dieu ne se tienne par hasard derrière toi ? »

---

1. Rapporté par Diogène Laërce dans ses *Vies et doctrines des philosophes illustres*, livre VI, chapitre 24. Toutes les citations et anecdotes sur Diogène sont tirées de l'ouvrage *Les Cyniques grecs*, « Fragments et témoignages », trad. de Léonce Paquet, Le Livre de Poche, 1992.

Un jeune homme lui avait demandé de devenir son disciple et, en guise de première leçon, Diogène lui demande de le suivre un peu partout en ville en tenant un hareng dans la main. « L'autre, tout honteux, jette le poisson et s'en va. Quelque temps après, Diogène le rencontre et lui dit *en éclatant de rire* : "Un hareng a brisé notre amitié mutuelle !" »

Un jour, il voit un autre jeune homme qui, cette fois, se vante de la beauté de son vêtement – un peu comme on peut, aujourd'hui, exhiber un manteau de vison, sauf qu'à l'époque c'était du mouton. « Ce garçon, dit Diogène, ne va-t-il pas cesser de mettre à son compte les mérites du mouton ? »

Allant à la rencontre d'un chanteur « laissé en plan » par le public en pleine représentation, Diogène lui lance : « Bonjour Chantecler [le coq]. » L'autre lui demande pourquoi il l'appelle le coq : « Quand tu chantes, reprit Diogène, tout le monde se lève ! »

Une autre fois, on vit Diogène en train de demander l'aumône à une statue – vous n'auriez pas un brin de monnaie ? Pourquoi donc demander de l'argent à une statue ? « Je m'habitue au refus ! » expliqua-t-il.

Manifestement, il avait surtout beaucoup de répartie : « À quelqu'un qui l'injuriait, Diogène répondit : "Personne ne me croira si je dis du bien de toi, et nul ne te croira si tu dis du bien de moi." »

The last but not the least, Diogène avait écrit une *République* sous forme de pastiche et de réponse à *La République* de Platon censée décrire la cité idéale. Et dans ce livre – perdu –, Diogène recommande de laisser tomber tous les tabous, en prônant le cannibalisme, l'inceste ou la liberté sexuelle.

Aucune limite, apparemment : le seul but de Diogène était de toujours provoquer. D'ailleurs, il aurait dit à propos de Platon : « De quelle utilité est pour nous un homme qui, bien que pratiquant la philosophie depuis longtemps déjà, se trouve n'avoir *dérangé* personne ? » À lire les anecdotes sur les plaisanteries de Diogène et son comportement, on a vraiment l'impression qu'il tournait tout en dérision, à tel point que ça en deviendrait presque fatigant : pas moyen de parler sérieusement avec lui. On serait donc tenté de ne pas le prendre au sérieux : au mieux, on peut considérer Diogène comme un fou, un peu à l'image de ces semi-clochards échappés de l'asile qui parlent tout seuls dans la rue ou dans le métro. Au pire, on peut le voir comme un personnage obscène et totalement immoral échappé de la prison, ne respectant rien ni personne. D'ailleurs, le « cynisme » a donné son nom à une forme d'humour *pince-sans-rire*, moins drôle que méchant, qui consiste à choquer ouvertement la morale, dans le seul but de provoquer. À partir de là, il semble mettre un point d'honneur à rire de tout, y compris et surtout de ce dont il ne faut pas rire.

Dès lors, la question qui se pose est de savoir si ce rire cynique est bien aussi immoral qu'il paraît. Se moquer de la morale, oui, mais de quelle morale ? Pas sûr qu'on ait tout à fait compris la signification de ce rire : au fond, la folie pourrait bien exprimer une forme de sagesse, et si Diogène s'en prend aux *moralisateurs*, c'est peut-être qu'il est un *moraliste*.

Le renversement des valeurs ou la « falsification de la monnaie »

On raconte que Diogène a été chassé de Sinope, sa ville natale, pour avoir falsifié de la monnaie. Vraie ou fausse, cette anecdote est surtout une métaphore de sa démarche : « falsifier la monnaie ». Un faux billet se révèle n'avoir aucune valeur, et le but de Diogène est bien de montrer la fausseté de toutes les valeurs auxquelles la société est attachée – à l'exemple de ce disciple qui prétend apprendre la philosophie et abandonne parce qu'il a honte de ce que les autres pourraient penser de lui en le voyant avec un hareng.

« À son avis, la folie du grand nombre se mesure à un doigt près : tu te promènes en tendant le médius et tu passes pour un fou, tu lèves le petit doigt et ce n'est plus la même chose. » Qu'est-ce que ça change de « faire un doigt » en dressant le majeur plutôt que l'annulaire ? D'autant qu'on peut être « bien » élevé, sans être un honnête homme. J'ai l'habitude de comparer Diogène à Columbo, pour le comprendre : comme lui, il porte un imperméable sale, et toujours le même, il vit dans un genre de tonneau, sa vieille « caisse » Peugeot 403 et, même, est accompagné d'un chien qu'il appelle « le chien ». Les criminels qu'il cherche à confondre font toujours partie de la « haute » société : ce sont des gens « importants », comme des stars de la télé, des grands médecins ou de riches héritiers. Et s'ils commettent un meurtre, c'est toujours pour les mêmes mobiles : sauver leur réputation, leur fortune ou leur pouvoir, en bref, tout ce qui a tant de valeur pour la plupart des gens, à tel point qu'ils sont prêts à tuer. Diogène – ou Columbo – passe pour un fou, mais comme on le comprend, ce sont plutôt ces biens matériels ou cette réussite sociale qui poussent les hommes à faire des folies. Comme on le comprend aussi, ce sont de fausses valeurs : les criminels sont souvent choqués par les manières d'un Columbo malpoli, intrusif et qui empeste avec son cigare, mais finalement, ce sont eux qui n'ont pas les mains « propres ».

À travers son rire, ses insultes et ses multiples atteintes à la pudeur, Diogène entend ainsi ridiculiser toutes ces conventions sociales qui n'ont aucune valeur : on peut avoir une « bonne » réputation, et de bonnes manières sans être quelqu'un de bien. D'autant que notre passion pour tous ces faux biens, comme le statut social ou l'argent, nous rend malheureux : quand on ne les a pas, on ferait n'importe quoi pour les avoir, et quand on les possède, on a peur de les perdre. D'ailleurs, c'est ce qui conduit nos meurtriers à tuer.

Diogène préfère donc mener une vie de chien : se contenter des besoins naturels qui sont peu nombreux et faciles à satisfaire, comme manger, boire, dormir ou même faire l'amour. « Procréer est une chose honnête, mais il est inconvenant d'en parler. » Pourquoi ? Eh oui : pourquoi la « morale » rend-elle le sexe tabou, alors qu'il ne fait de mal à personne ? Ce n'est pas pour rien que Diogène se masturbe en public : « Ah ! Si seulement on pouvait apaiser sa faim en se frottant ainsi l'estomac. » Voilà le genre de besoin facile à satisfaire, puisqu'on n'a besoin de rien, ni de personne, bien loin de ces rêves de « vaine gloire » ou de bonne réputation qui, finalement, dépendent du regard des autres. Ainsi, par ses attitudes les plus choquantes, Diogène prône le retour à un mode de vie naturel, loin des artifices et des conventions sociales. C'est la meilleure façon d'être libre et heureux : heureux, parce que les besoins naturels sont faciles à satisfaire, libre, parce que ce bonheur ne dépend que de soi-même, et non plus de la chance, des circonstances ou des autres. Alexandre le Grand avait besoin de conquérir le monde pour être heureux, pendant que Diogène pouvait se contenter de presque rien. Lequel des deux est le plus fou ?

« Arrête de me faire de l'ombre ! »

Peut-on rire de tout ? En général, quand cette question arrive sur le tapis, c'est qu'on considère qu'il y a des sujets graves, tabous ou sacrés dont il ne faudrait pas se moquer. Mais toute la démarche du cynique consiste justement à renverser ces valeurs et tout le sérieux qu'on leur accorde. On peut rire de tout parce que la morale que la société cherche à nous imposer ne vaut rien. D'ailleurs, Diogène refuse de se soumettre à toutes les puissances qui prétendent lui dicter sa conduite, qu'il s'agisse des rois ou des lois. On ne doit obéir qu'à soi-même, en se contentant de satisfaire ses besoins naturels. Quand on demandait à Diogène : « Quelle est la plus belle chose au monde ? » Il répondait : « La liberté de langage. »

Aucun respect pour les puissants, comme le montre la fameuse anecdote de Diogène face à Alexandre. Il avait déjà eu le même genre d'attitude face à son prédécesseur, Philippe de Macédoine qui l'avait fait prisonnier : « Qu'est-ce que tu viens faire ici ? » lui avait demandé Philippe. « J'espionne ton insatiabilité », lui aurait répondu Diogène. Philippe de Macédoine a beau être un roi puissant, il n'en est pas moins un homme soumis à ses propres désirs qui le poussent, justement, à vouloir conquérir le monde. Et au fond, il est plus faible que puissant.

Il n'y a pas à voir non plus quoi que ce soit de « sacré » dans la religion. Là encore, l'attitude religieuse est contraire à l'idéal de vie du cynique qui veut vivre libre et heureux, sans dépendre de rien ni de personne. C'est sans doute ce qu'exprime la fameuse réplique lancée à la femme en train de prier : à quoi bon prier, craindre et respecter un dieu qu'on n'a jamais vu, d'ailleurs ?

La discipline cynique

On aura sans doute compris qu'il y a de la morale dans le cynisme. Au fond, Diogène a les mêmes idées que la plupart des philosophes de son époque, comme les épicuriens ou les stoïciens : il dénonce les faux biens et les artifices de la société, comme la gloire, le pouvoir ou l'argent. Il prône un mode de vie austère, consistant à lutter contre ses désirs et ses passions, pour se contenter de peu. D'ailleurs, c'est tout le sens de cette curieuse discipline qu'il s'impose, quand il se roule dans la neige en hiver, et sur le sable brûlant, en été : apprendre à résister à la douleur, pour ne plus avoir à souffrir des malheurs de la vie. Savoir rester impassible face à la maladie et à la mort dont, sans doute, on peut aussi se moquer.

Finalement, c'est la manière qui change : au lieu d'écrire des livres, Diogène provoque. Certes, il se sert du rire comme d'une arme contre la *morale*, si l'on entend par là l'ensemble des valeurs imposées par la société. Il s'en prend donc aux *moralisateurs*, ceux qui prétendent me dicter ma conduite. Mais le cynique reste un *moraliste*, dans le sens où son attitude vise à défendre une morale, une discipline, même, qu'on s'impose à soi-même. Au fond, ce sont les autres qui n'ont aucune morale, prêts à tout pour la gloire, le pouvoir et l'argent. Et au milieu de cette foule d'insensés, on raconte que Diogène se promenait avec sa lanterne en disant : « Je cherche un honnête homme. »

À propos de Diogène

Diogène est né vers 413 avant J.-C. à Sinope (située aujourd'hui en Turquie), sur les bords de la mer Noire. Il fut le contemporain de Platon, Démosthène, Philippe de Macédoine et d'Alexandre le Grand. De sa vie, on connaît surtout de nombreuses anecdotes et quelques épisodes qui semblent plus ou moins vrais : il aurait été exilé de Sinope, après avoir été accusé de fabriquer de la fausse monnaie aux côtés de son père. Arrivé à Athènes, il aurait insisté pour suivre l'enseignement d'Antisthène aux « Cynosarges », un gymnase réservé aux bâtards et aux étrangers. Par sa conduite, Diogène montrait son mépris pour les conventions sociales, prônant le retour à un mode de vie naturel. Vers la fin de sa vie, il aurait effectué un voyage en bateau au large d'Égine, au cours duquel il aurait été capturé par des pirates et vendu comme esclave au marché de Corinthe. On lui demande alors : que sais-tu faire ? « Diriger des hommes », répondit Diogène. « Annonce donc : quelqu'un veut-il se procurer un maître ? » C'est à Corinthe que se serait déroulée la fameuse rencontre avec Alexandre le Grand. Et c'est aussi là qu'il serait mort, vers 327 av. J.-C., soit de vieillesse, soit après avoir retenu volontairement sa respiration. « Une autre version rapporte que, voulant partager un poulpe avec des chiens, il fut à ce point mordu au tendon du pied qu'il en mourut. »

À lire : Diogène Laërce, Vies, doctrines et sentences des philosophes illustres, *tome II, livre VI, GF-Flam-*

marion, 1993. Les Cyniques grecs, fragments et témoignages, *de Léonce Paquet et Marie-Odile Goulet-Cazé, Le Livre de Poche, 1992.*

Cicéron ou l'éthique du rire

Dans son traité *Des devoirs*, Cicéron écrit : « Tout le système des cyniques est à rejeter, car il s'oppose à la délicatesse morale sans laquelle rien ne saurait être droit ni honnête. » Pourtant, il parle lui-même beaucoup du rire dans un des textes classiques sans doute les plus importants, sur le rire en général, et sur les limites de l'humour en particulier. Ces longues pages se trouvent dans le livre II du dialogue *De l'orateur*, écrit en 55 av. J.-C : une vingtaine de chapitres (54-71) consacrés exclusivement au rire : qu'est-ce que le rire ? Quelles sont les différentes formes de plaisanteries ou d'humour qui existent ? Et surtout, peut-on rire de tout ? Rappelons quand même que Cicéron était un orateur « hors pair », et le dialogue *De l'orateur*, qui met en scène les grands personnages de l'époque, comme César ou Antoine, se présente comme un traité d'éloquence – ou comment bien causer aux gens pour se les mettre dans la poche. Fort de sa longue expérience, aussi bien comme avocat que comme homme politique, Cicéron croit pouvoir donner les recettes pour faire de bons discours et convaincre son auditoire. Or, « une des ressources de l'orateur » est bien sûr l'humour ou la « plaisanterie ». Aussi une bonne partie du livre II de ce dialogue est-elle consacrée à « l'arme du ridicule » qu'on aurait tort de ne pas prendre au sérieux – comme Platon.

Peut-on rire de tout ? Ce que dit Cicéron des cyniques nous laisse un peu deviner sa réponse : si on peut bien rire, *on ne peut pas rire de tout*. Il y a des limites. Mais lesquelles ? Pour le savoir – et pour le comprendre –, il faut d'abord se demander ce qu'est le rire et à quoi il sert. L'étude que Cicéron propose s'organise ainsi autour de cinq questions : « Quelle est la nature du rire » ou qu'est-ce que le rire ? « Qu'est-ce qui le produit » et, surtout, quels sont les sentiments qu'il exprime ? « Convient-il à l'orateur de l'exciter ? » Et là, Cicéron montre quelle peut être l'utilité de faire rire dans un discours. Enfin, « jusqu'à quel point peut-il le faire » et quelles sont donc les limites de l'humour – peut-on rire de tout ? Après, il étudie « les différents genres de ridicules » : les différentes formes d'humour et les « techniques » pour faire rire[1].

1. Toutes les citations de Cicéron sont extraites des chapitres LIV-LXXI du dialogue *De l'orateur* (*De oratore*), livre II, in *Œuvres complètes de Cicéron*, tome I, sous la direction de M. Nisard, Dubochet, 1840.

« Il n'y a pas d'art de plaisanter »

« Quelle est la nature du rire ? » Pourquoi se met-on à rire sans même pouvoir se contrôler ? Cicéron ne répond même pas à la première question qu'il a posée – ça commence bien – et la renvoie, littéralement, aux calendes grecques, « c'est ce que je laisse expliquer à Démocrite[1] ». Cicéron est un excellent orateur et avocat, mais il n'est pas médecin. Il n'a donc pas les compétences pour étudier les causes « physiques » du rire et, de toute façon, ce n'est pas ce qui l'intéresse. Il remarque seulement que le rire est une réaction « mécanique », comme dirait Bergson, naturelle et spontanée. C'est déjà en ce sens qu'on

1. Pourquoi « Démocrite » ? me direz-vous. Parce que son cas a justement fait l'objet d'une étude quasi « médicale », attribuée à Hippocrate, le célèbre père de la médecine. Les gens semblaient s'inquiéter de la santé morale de ce philosophe grec qui passait son temps à se tordre de rire, sans pouvoir s'arrêter. Alors, on demanda à Hippocrate de l'examiner. Le médecin conclut que Démocrite n'était pas fou. En fait, c'étaient les agitations des gens de la ville qui le faisaient rire, agitations inutiles et insensées qui, à ses yeux, étaient tout à fait ridicules. Finalement, ce rire révélait plutôt la sagesse de Démocrite, tandis que tous les autres étaient plutôt fous. (Le philosophe britannique Quentin Skinner en parle dans une très bonne conférence sur le rire, dans laquelle il traite la question : pourquoi les philosophes ont-ils pris le rire au sérieux ? Voir Quentin Skinner, « La philosophie et le rire », 2001, [en ligne] mis en ligne le 17 mai 2006. URL : http://cmb.ehess.fr/54

ne peut pas rire de tout : il y a des gens qui n'ont pas le sens de l'humour, dans la mesure où, chez eux, le rire ne se déclenche pas. Ce n'est ni bien ni mal : c'est un fait. Certains ne peuvent pas s'empêcher de rire et, à l'inverse, on ne peut pas forcer les gens à rire, sous prétexte que ce serait de bon goût.

Mais « le sens de l'humour », c'est aussi le talent qu'on peut avoir à *faire* rire. Le talent : il n'est pas donné à tout le monde d'être drôle, et « la nature seule donne aux hommes ce talent ». En ce sens, Cicéron affirme « qu'il n'y a pas d'art de plaisanter » : ça ne s'apprend pas, c'est un don naturel, et quand on parle de « sens de l'humour », c'est bien ce qu'on veut dire. Comme nos cinq sens : il est impossible d'apprendre à voir à un aveugle et s'il est privé du sens de la vue, rien ne lui permettra de l'acquérir. C'est encore ce qu'on appelle « avoir de la répartie » : être capable de répondre « du tac au tac » à une pique ou à une provocation de manière immédiate et spontanée. D'ailleurs, comme le remarque encore Cicéron, une plaisanterie fait toujours moins rire quand elle a l'air d'avoir été préparée. C'est le trait humoristique improvisé et inattendu qui fait rire, parce qu'il manifeste du talent, voire du génie. En bref, « l'école du rire », ça ne peut pas exister – et la seule solution reste effectivement de manger un clown.

Alors, vous me direz : si le sens de l'humour ne s'apprend pas, à quoi bon écrire un traité *De l'orateur* qui prétend donner les recettes pour faire rire ? C'est que, pour paraphraser Descartes cette fois, ce n'est pas assez d'avoir le sens de l'humour, mais le principal est de l'appliquer bien[1]. Le problème étant, comme le note Cicéron, que ceux qui ont le don pour la plaisanterie ont souvent du mal à se retenir de faire de l'humour. Or, il ne faut pas rire de tout, tout le temps et n'importe comment, bref il faut savoir se contrôler. L'objectif essentiel de Cicéron est donc bien de définir les limites de l'humour et de répondre à la sempiternelle question qui, comme on le voit, se pose depuis bien longtemps : peut-on rire de tout ?

« La plaisanterie est souvent utile »

Si l'on doit user du rire avec « circonspection », c'est parce que dans l'humour réside toujours ce « petit fond de méchanceté » souligné par Bergson. C'est déjà ce que dit Cicéron quand il répond à la deuxième question qu'il a posée : « Qu'est-ce qui le produit ? » Quels sentiments

1. Descartes parle lui du « bon sens », autrement dit de l'intelligence ou de la raison qu'il appelle « la puissance de bien juger, et de distinguer le vrai du faux » : « Car ce n'est pas assez d'avoir l'esprit bon, mais le principal est de l'appliquer bien » (*Discours de la méthode*, 1re partie, Vrin, 1992, p. 44).

s'expriment dans le rire ? De quoi rit-on ou, plutôt, de qui se moque-t-on ? Car Cicéron voit dans le rire une expression de mépris : « Le sujet, et pour ainsi dire le domaine du rire, second objet de nos recherches, est toujours quelque laideur, quelque difformité » (chapitre LVIII). Rire et faire rire, c'est se moquer ou ridiculiser quelqu'un : voir ou montrer ses défauts, aussi bien physiques que moraux. C'est dévaloriser l'autre, le rabaisser à un rang inférieur, ce qui permet de se montrer et de se sentir supérieur à lui – et c'est sans doute ce qui nous procure la joie contenue dans le rire. Cicéron semble bien adopter là la vision de Platon : le rire exprime le mépris, voire la haine, et là encore, comme l'auteur du *Philèbe*, il remarque qu'on rit plus volontiers de ceux qu'on n'aime pas que de ses amis.

Mais contrairement à Platon, Cicéron ne pense pas que le rire soit absolument mauvais. Au contraire, il considère que « la plaisanterie est souvent utile ». Ainsi, à la troisième question : « Convient-il à l'orateur de l'exciter ? », de chercher à être drôle et faire rire ? Cicéron répond clairement : oui.

C'est l'orateur qui parle : l'homme politique qui a souvent défendu des causes (justes) devant les assemblées, l'avocat qui a défendu des accusés devant les tribunaux. À chaque fois, on se retrouve face à une partie adverse. Et Cicéron a sans doute appris que, pour convaincre, il ne suffit pas d'avoir raison : les gens ne sont pas forcément « sensibles » au discours le plus juste ou le plus vrai. Alors, il faut savoir être persuasif, et c'est bien là que réside tout l'art de l'éloquence expliqué dans le traité *De l'orateur*. Or, le meilleur moyen d'emporter l'adhésion de l'auditoire – de se le « mettre dans la poche » –, c'est justement de l'émouvoir : jouer sur la corde sensible. Cicéron passe ainsi en revue les différents sentiments auxquels l'orateur peut faire appel dans son discours ou sa plaidoirie, comme « l'espérance, la joie, le déplaisir » ou même, « l'envie » (chapitre LII). Et comme tout le monde le sait, pour s'attirer la sympathie d'un auditoire et retenir son attention, le mieux est encore de le *faire rire*.

L'orateur a donc tout intérêt à se servir de « l'arme du ridicule » qui permet de gagner sur tous les tableaux : d'abord, c'est une bonne manière de mettre les rieurs de son côté. C'est bon de rire, parfois : c'est agréable et le rire procure toujours une certaine joie. Celui qui est drôle sera donc plus apprécié, quoi qu'il dise : « La gaieté dispose à la bienveillance en faveur de celui qui la fait naître. » Il sera aussi plus écouté : pour accrocher les gens et éviter qu'ils ne s'endorment pendant un discours, il faut les faire rire de temps en temps. Ensuite, c'est le meilleur moyen de décrédibiliser l'adversaire : plutôt que de montrer qu'il a tort par de longues démonstrations que personnes ne peut suivre, le mieux est de le ridiculiser, « s'égayer aux dépens d'un adversaire ridicule », « représenter un témoin comme un homme inconsidéré, avide, étourdi ». Et puis, finalement, il y a quelque chose d'assez *moral* dans le rire : malgré son « fond de méchanceté » et quoi qu'en disent ceux qui se sentent « blessés » par des sketchs ou des caricatures, « l'arme du ridicule » ne tue pas. On n'aura jamais fait que rire, et rien n'empêche l'autre de se montrer plus drôle, d'avoir de la « répartie ». Mais tout le monde n'en est pas capable et c'est sans doute là qu'on se sent le plus humilié.

« Il faut surtout ne point passer les bornes »

On sait désormais à quoi peut servir de faire rire – pourquoi il faut parfois être drôle : c'est pour rallier l'auditoire à sa cause. Il faut donc éviter toute forme d'humour qui desservirait l'orateur et serait, finalement, contreproductive. Cicéron peut donc montrer quelles doivent être les limites de celui qui cherche à faire rire – ne serait-ce que parce qu'il risque de ne pas être drôle. On ne peut pas rire de tout : « N'oublions pas qu'ici, comme en toutes choses, il faut surtout ne point passer les bornes. » Alors, quelles bornes ? À quelles règles le rire doit-il être soumis ?

La première règle consiste précisément à ne pas perdre de vue son objectif : défendre sa cause. L'humour n'est qu'un moyen, et il n'y a aucun intérêt à faire rire dans le seul but de faire rire : « Selon moi, écrit Cicéron, on ne saurait faire de son esprit un plus misérable usage. » Voilà pour les amuseurs publics et tous ceux qui prétendent faire le métier d'« humoristes », parce que ce n'est pas un métier. Faire rire, c'est très bien, mais pour quoi faire ?

Ensuite, Cicéron définit surtout des limites « stratégiques », dirons-nous : elles n'ont rien de moral. Seulement, puisqu'on cherche à être drôle pour s'attirer les faveurs de l'auditoire et dévaloriser l'adversaire, on évitera de faire de l'humour sur tout ce qui risque de ne faire rire personne : sinon, on risque de se mettre le public à dos et, bien sûr, de rater son but. Ainsi, « les sujets qui se prêtent le plus à la plaisanterie sont ceux qui n'excitent ni une grande horreur ni une extrême pitié ». Ils s'y « prêtent », non pas au sens où on aurait le « droit » d'en rire, mais parce que les gens ont effectivement tendance à en rire. On pourra donc rire des « vices » de certains, comme Molière en avait l'habitude : l'avarice, l'hypocrisie ou la jalousie. Mais on ne pourra pas rire de vices trop graves qui sont de nature criminelle : ici, le ridicule ne suffit plus et le public préfère une vraie punition – « la vengeance des lois ». Le violeur et tueur en série Michel Fourniret n'a rien de drôle[1], et si *Othello*, le jaloux de Shakespeare, n'est pas un personnage comique, c'est peut-être que la fin est dramatique : sa femme, Desdémone, est tuée. De la même manière, « les difformités et les défauts corporels » prêtent à rire, mais ils ne doivent pas être trop graves : un gros nez ou un homme de petite taille, ça va – et encore. Trop « graves », peut-être dans le sens où ce sont des malheurs si grands qu'ils empêchent de vivre et, surtout, que personne ne les mérite. On aura donc plutôt tendance à éprouver de la compassion ou « une extrême pitié », et c'est le rieur qui passera pour un vicieux ou un méchant.

Pourtant, on trouvera toujours des gens capables de rire des plus grands malheurs – d'ailleurs, *George Dandin* aussi est une comédie, alors que George Dandin meurt à la fin : il est la figure du bourgeois, roturier et paysan devenu riche, qui cherche à s'élever dans la société en épousant Angélique, une fille de la noblesse. Il ne parviendra jamais vraiment à se faire « reconnaître » par ses beaux-parents, les ridicules Sotenville, et, pire

1. Michel Fourniret, autrement appelé « l'ogre des Ardennes », a été condamné en mai 2008 à la peine maximale prévue en France, à savoir la réclusion criminelle à perpétuité, assortie d'une peine de sûreté de 28 ans, pour une série de sept meurtres de jeunes filles ou d'adolescentes. Il est même soupçonné d'en avoir commis d'autres.

que tout, sa femme passe son temps à se moquer de lui. Malmené par tous, incapable d'obtenir le moindre respect ou signe de reconnaissance, George Dandin se suicide : « Lorsqu'on a, comme moi, épousé une méchante femme, le meilleur parti qu'on puisse prendre, c'est de s'aller jeter dans l'eau la tête la première[1]. » Comme beaucoup d'autres, Molière ne s'empêche donc pas de *faire rire* du pire. C'est la raison pour laquelle Cicéron croit aussi devoir poser des limites morales au rire : la modération et la sobriété distinguent le bon orateur du « bouffon ». Pour Cicéron, il semble bien y avoir des plaisanteries de « mauvais goût » qu'on doit éviter, même si elles font rire. Au fond, il y a toujours une coloration morale dans les limites qu'il donne au rire. Il évoque ainsi le « devoir de celui qui a recours à l'arme du ridicule » : il ne faut pas de caricature malhonnête, blesser « trop » les gens, bref, la fin ne justifie pas les moyens, et même si c'est drôle, il y a certaines plaisanteries qu'on doit s'interdire au nom de la morale.

Au nom de la morale, mais pas au nom de la loi. Faut-il interdire les propos qui dépassent les « bornes » – et traîner un Patrick Timsit en jus-

1. *George Dandin*, acte III, scène VIII (et ultime réplique de la pièce), in *Molière, Œuvres complètes*, II, « Bibliothèque de la Pléiade », Gallimard, 1971, p. 503.

tice ? Non. À la question de savoir qui doit fixer les limites du rire, Cicéron semble répondre par un appel à l'autocensure : « C'est au bon sens, c'est à notre propre dignité de nous faire juger de l'à-propos. » Reste qu'on ne peut pas rire de tout. Car dans le rire, comme en toute chose, il ne faut pas perdre de vue « la délicatesse morale sans laquelle rien ne saurait être droit ni honnête ».

À propos de Cicéron

Marcus Tullius Cicero est né à Arpinum en 106 av. J.-C. Il fut sans doute le plus grand orateur romain, à la fois avocat et homme politique, mais aussi philosophe, même s'il n'a pas de doctrine propre, et s'inspire plutôt des Anciens (stoïciens, Aristote ou Platon) pour construite une pensée humaniste – plutôt un « intellectuel », donc. Il est très contemporain de César et Pompée, nés et morts à peu près en même temps que lui. Issu d'un milieu aisé, Cicéron est envoyé à Rome pour suivre notamment des études de droit. En 89, à 17 ans, il sert dans l'armée de Pompeius Strabon. Il commence sa carrière d'avocat en 81 sous la dictature de Sylla avant de s'éloigner de Rome pour parfaire ses études en Grèce. À son retour, vers 77, après la mort de Sylla, il se marie et commence sa carrière politique, exerçant successivement les différentes magistratures romaines, jusqu'à devenir consul pour l'année 63 – l'équivalent de président de la République élu pour un an. À partir de 61, Cicéron subit les vicissitudes de la vie politique romaine et des luttes entre César, Crassus et Pompée, tour à tour associé au pouvoir, isolé ou même exilé. C'est à cette époque qu'il rédige le De oratore. *En 51, il est nommé proconsul en Cilicie. À son retour à Rome, en 50, César et Pompée entrent dans un conflit qui débouche sur une guerre civile. Cicéron ne joue plus de grand rôle politique et rédige plusieurs de ses traités philosophiques. César est assassiné en 44 et Cicéron en 43, sur l'ordre d'Antoine.*

Bergson ou le rire moralisateur

Difficile de parler des philosophes qui ont traité du rire sans évoquer Bergson. C'est même une question du *Trivial Pursuit* : « Quel philosophe a écrit *Le Rire* ? » Bergson ! Disons tout de suite qu'il ne traite pas vraiment la question : peut-on rire de tout ? Pourtant, ses analyses permettent de deviner quelles réponses il aurait pu donner. Mais surtout, Bergson adopte un point de vue assez original sur les rapports entre le rire et la morale. Comme on l'a vu, pour la plupart des auteurs, ces rapports ont toujours été un peu difficiles parce que le rire exprime souvent une forme de mépris ou de haine et, au fond, il est toujours un peu immoral. Pour Hobbes, le rire est « un signe de petitesse d'esprit » qui permet aux médiocres de se sentir supérieurs aux autres, et le propre des « grandes âmes » est plutôt de ne rire de rien. Pour Cicéron, « l'arme du ridicule », toujours un peu blessante, doit être limitée à ce que commande « la délicatesse morale ». Le pire restant le rire cynique qui choque ouvertement la morale pour se défaire des conventions imposées par la société.

Mais Bergson renverse un peu ces perspectives : s'il admet que le rire contient toujours un « petit fond de méchanceté », on ne peut pas vraiment l'opposer à la morale pour la bonne raison qu'il est au contraire le moyen grâce auquel *la société force les individus à rentrer dans le moule.* Comment donc expliquer cette vision quasiment *moralisatrice* du rire qui, pour le coup, aurait choqué Diogène lui-même ?

« Une espèce de *geste social*[1] »

Peut-on rire de tout ? Encore faudrait-il savoir qui est ce « on » qui rit. D'après Bergson, c'est la société. Il commence par remarquer que le rire est le propre de l'homme, dans la mesure où on ne rit jamais que des hommes. En ce sens, on ne peut pas rire de tout : on ne rit que de ce qui est *humain*, et quand un animal fait rire, comme

1. Toutes les citations de Bergson sont extraites de son ouvrage, *Le Rire*, coll. « Quadrige », sous la direction de Frédéric Worms, PUF, 2007.

ces chats dans *Vidéo gag*, c'est parce que leurs réactions nous font penser aux nôtres. Ce serait aussi une manière de répondre aux accusations de « blasphème » contre les caricaturistes : ce n'est jamais d'un dieu qu'on se moque, ni même d'un prophète, mais seulement de l'attitude des fidèles. Mais bien sûr, quand on est très croyant, on a du mal à rire de la religion. C'est que le rire, comme le souligne aussi Bergson, « n'a pas de plus grand ennemi que l'émotion ». « Il s'adresse à l'intelligence pure. » Il faut être devenu *insensible*, ne serait-ce que pour quelques instants, pour trouver *ça* drôle : ne pas avoir de respect pour une croyance, ne pas éprouver de compassion pour celui qui tombe par terre ou malade, et ne pas même s'apitoyer sur son propre sort – « Je m'en moque, ça m'est égal. » En un sens, on peut donc rire de tout, y compris des choses les plus graves, même quand elles nous concernent. En même temps, on ne peut pas rire de tout, parce que tout le monde n'est pas capable de se rendre insensible à ses propres malheurs ou à ceux des autres.

Enfin et surtout, on ne peut pas rire tout seul : le rire est un phénomène *collectif*. « Notre rire est toujours le rire d'un groupe » : on cherche à être drôle pour faire rire les autres et il faut sans doute être plusieurs pour rire. On ne rit pas seul, sinon parce qu'on imagine la réaction des autres s'ils avaient vu *ça*. À la fin, Bergson croit donc pouvoir dire que le rire remplit une fonction sociale. Loin de s'en prendre à la société, il lui serait même utile, loin de renverser les conventions sociales, il aurait pour but de les conforter. En bref, ceux qui rient d'une personne lui font en quelque sorte la morale. Vraiment ?

Bien sûr, le rire *peut* être moralisateur, et il arrive qu'on organise des grandes soirées ou des spectacles qui annoncent la couleur : « Rire ensemble contre le racisme. » Mais comment prétendre que le rire soit *toujours* moralisateur ? Du moins, que « le rire "châtie les mœurs" », permettant à la société d'offrir une bonne leçon à ceux qui s'écartent du droit chemin ? D'autant que Bergson, comme la plupart des auteurs, admet volontiers que le rire est toujours un peu méchant : il est fait pour humilier et « doit donner à la personne qui en est l'objet une impression pénible », comme la fille qui glisse sur une peau de banane et se casse la figure devant tout le monde. Il y a toujours du mépris là-dedans. En plus d'être méchant, le rire n'est pas toujours juste : contrairement à un Cicéron qui défend une certaine « éthique » de l'humour, Bergson reconnaît qu'on rit aussi de ceux qui ne le méritent pas – les nains ? Les trisomiques ? Les morts ? « Le rire châtie certains défauts à peu près comme la maladie châtie certains excès, frappant des innocents, épargnant des coupables. »

Mais coupables de quoi ? Innocents de quoi ? Qu'est-ce qu'elle a fait, au juste, la fille qui glisse sur une peau de banane ? Quel est donc ce rappel à l'ordre social contenu dans le rire ?

« Du mécanique plaqué sur du vivant »

De quoi rit-on ? Il semble que les références de Bergson en matière de comique se retrouvent chez Chaplin, Pierre Richard ou les Monty Python. En effet, si Cicéron traite surtout de l'humour verbal – et de toutes ses méchancetés –, Bergson part plutôt du comique *visuel*, celui qu'on retrouve forcément dans les films de Chaplin – muets. « Un homme, qui courait dans la rue, trébuche et tombe : les passants rient. » C'est ainsi qu'on peut comprendre le fameux : « mécanique plaqué sur du vivant ». Pourquoi un homme trébuche-t-il ? Parce qu'il ne faisait manifestement plus attention : il aura pu glisser sur une peau de banane, tomber dans un trou ou même se cogner contre un réverbère. Dans tous les cas, il aura poursuivi sa marche un peu trop *machinalement*, sans prendre garde aux obstacles qu'il pouvait rencontrer et donc sans adapter son mouvement à la situation. « Ce qu'il y a de risible dans un cas comme dans l'autre, c'est une certaine *raideur de mécanique* là où l'on voudrait trouver la souplesse attentive et la vivante flexibilité d'une personne. »

Chez Bergson, c'est toujours la même chose qui fait rire : la *raideur*. Tout à fait comme dans ce fameux sketch des Monty Python sur « le ministère des démarches ridicules » : on voit John Cleese se rendant au bureau, en adoptant le type même de démarche décrite par Bergson. Il garde les jambes bien *raides*, et les lève un peu à la manière d'un robot. Il fait des demi-tours aussi, et toutes sortes de contorsions qui paraissent rigoureusement inutiles. C'est bien pour ça que la démarche est ridicule : elle ne sert à rien. Or, pour Bergson, la vie en général exige une « souplesse attentive » : pour pouvoir vivre et agir, il faut s'adapter aux situations, ne serait-ce que pour éviter de tomber dans un trou – un classique du comique visuel. Mais la vie en société aussi exige cette « souplesse attentive » : il faut faire attention aux autres, faire attention à ce qu'on fait ou à ce qu'on dit. Chez Bergson, le ridicule semble tenir d'un comportement d'autiste ou de « cas soc », inadapté à la vie en société parce qu'il s'enferme un peu dans ses propres pensées, ses propres lubies. Mr Bean, en fait : personnage muet qui se retrouve souvent dans des situations qui exigent une certaine attitude ou une certaine *tenue* : à l'église, par exemple ou au théâtre. On le voit déployer tous les efforts du monde pour paraître sérieux, pour se tenir droit et surtout ne pas se faire remarquer. Mais il n'y parvient jamais car à, chaque fois, il est tout occupé à autre chose : ramasser un objet qu'il a fait tomber ou refermer sa fermeture Éclair. Bref, il n'y est pas du tout.

C'est donc toujours une certaine manière de se montrer inadapté à la société qui est ridicule, et le symptôme de cette inadaptation, c'est la *raideur*. Mais bien sûr, le comique ne se réduit pas au comique visuel, et Bergson le sait bien. Dans *Le Rire*, il passe ainsi en revue toutes sortes de comiques, y compris l'humour verbal, le comique de situation ou encore les personnages des comédies de Molière. Il serait bien difficile de résumer la variété et la finesse des analyses que *Le Rire* consacre à chacun de ces genres comiques – ce serait injuste et réducteur. Pourtant, Bergson affirme lui-même que toutes ces formes, aussi diverses soient-elles, sont bien les variantes d'une seule et même mécanique du rire : *la raideur – la maladresse, la distraction – qui rend inapte à la vie en société, ne serait-ce que l'espace d'un instant*. C'est un « leitmotiv », écrit-il, qui se retrouve « des pitreries du clown aux jeux les plus raffinés de la comédie ».

« Un but utile de perfectionnement général »

Le Rire de Bergson est donc un peu l'inverse du cynisme : Diogène se moque de la foule qui se conforme aux conventions sociales dont lui-même croit devoir se libérer. Alors que pour Bergson, c'est au contraire le groupe qui se moque des « cas soc » – comme Diogène – : ceux qui par leur *raideur* se révèlent inadaptés à la vie sociale. « Cette raideur est le comique, et le rire en est le châtiment. »

Mais au fond, Bergson n'est pas si éloigné de Diogène dans la mesure où c'est bien le *conformisme* qui lui paraît ridicule. En effet, « l'adaptation » à la vie sociale ne consiste pas du tout à suivre bêtement les conventions comme un mouton, à marcher tel un robot dans les couloirs du métro, un peu comme il nous arrive de tenir la porte à la sortie d'un magasin : cette habitude, cette politesse nous apprend à faire attention aux autres – on ne va quand même pas refermer la porte à la figure de celui qui nous suit. Mais la plupart du temps, nous ne regardons même pas s'il y a quelqu'un derrière nous : on tient la porte *machinalement*, parce qu'on a simplement l'habitude de le faire et parce que tout le monde le fait, ce qui ne nous empêche pas de poursuivre notre chemin sans même faire attention aux autres – en enjambant un sans-abri après être sorti du magasin parce que c'est la course de Noël. Ces conventions et ces règles de politesse ne servent donc pas à grand-chose si nous les suivons par simple habitude, sans même savoir pourquoi. D'ailleurs, tout le monde sait que la politesse peut n'être rien d'autre qu'une forme d'hypocrisie, et certains semblent justement « trop polis pour être honnêtes » – comme le Tartuffe de Molière.

Or, à quoi servent ces règles de politesse et ces conventions sociales ? Elles doivent nous rendre un peu plus civilisés, *altruistes*, en nous apprenant à penser un peu moins à nous-mêmes, et un peu plus aux autres. Elles ont donc pour but de nous transformer de l'intérieur, de nous améliorer, et si on commence à les suivre par simple habitude, elles ne servent à rien. Bergson précise ainsi que le rire poursuit « un but de perfectionnement général » : il doit nous rendre meilleurs, plus sociables, non pas seulement dans notre comportement extérieur, mais surtout dans notre vie intérieure, dans notre cœur et dans nos pensées, bref, c'est l'amélioration morale de chacun qui est visée, sinon, il ne s'agit que d'une « posture », comme on dit aujourd'hui[1]. C'est bien pour ça que, chez Bergson, le propre du comique est le comportement « mécanique » ou « raide » : on se moque de ceux qui se laissent porter par le

---

1. Dans un discours prononcé à l'occasion d'une remise de prix au lycée Henri-IV, Bergson a justement rédigé un texte sur la politesse, dans lequel il montre que la « véritable politesse » ne se réduit pas à « des formules toutes faites » : elle « suppose certaines qualités du cœur et beaucoup de qualités de l'esprit » et consiste « dans la parfaite liberté de l'intelligence » (H. Bergson, *La Politesse*, Payot & Rivages, 2008).

mouvement, qui ne réfléchissent plus, ne pensent plus à ce qu'ils font : pour ces gens-là, les conventions sociales qui doivent apprendre à s'ouvrir aux autres deviennent des sortes de tics ou de « TOCS » qui, au contraire, sont une fermeture vis-à-vis du monde extérieur. Rien n'est plus éloigné de la pensée de Bergson que l'obéissance aveugle aux conventions sociales : au contraire, ce que la vie en société exige, c'est toute notre attention, un esprit vif, un cœur ouvert, en un mot, l'exercice de notre liberté de penser. « Tout le sérieux de la vie lui vient de notre liberté », et le comique vient de ceux qui semblent se laisser porter par le courant.

« Une certaine dose d'amertume »

Le rire serait donc une sorte de piqûre de rappel pour réveiller l'attention de ceux qui oublient un peu les exigences de la vie en société. Mais bien sûr, il faut que les *écarts de conduite* ne soient pas trop graves pour pouvoir être seulement *risibles*. À la manière de Cicéron, Bergson semble quand même penser qu'on ne peut pas rire de l'extrême misère ou des comportements criminels. Ainsi, il commence par écarter les plus « graves » défauts qui rendent inadaptés à la société de manière *chronique*, dirons-nous, c'est-à-dire de manière invivable et incurable : les graves infirmités ou maladies qui empêchent tout bonnement de vivre – myopathie ? leucémie ? – ou encore la folie pure et les conduites criminelles. On retrouve donc assez bien les limites du rire esquissées par Cicéron. « Une fois écartées ces infériorités qui intéressent le sérieux de l'existence », précise alors Bergson, on tombe sur des « petites » inadaptations dont on peut rire. Mais c'est toujours le même problème avec ces fameuses limites du rire : comment distinguer ce qui est « grave » ou « extrême » de ce qui ne l'est pas ?

Bergson donne en partie la réponse : apparemment, il s'agit de défauts « accidentels », passagers, qui ne sont pas vraiment dans la nature de celui dont on se moque – et donc qu'il peut corriger. Bergson croit ainsi pouvoir distinguer la comédie du drame ou de la tragédie – encore une éternelle question : ce n'est pas le thème qui change. *A priori*, le sujet d'une comédie n'est pas plus « léger » que celui d'une tragédie, et, en ce sens, on peut bien rire de tout : dans *La Jalousie du Barbouillé*, Molière traite le même sujet que Shakespeare dans *Othello*, la jalousie. Est-ce donc la fin « dramatique » et la mort de Desdémone qui fait que là, « on ne rigole plus » ? Mais encore une fois, *George Dandin* meurt aussi, dans ce qui reste pourtant une comédie. Non : pour Bergson, la différence, c'est que les vices et les défauts des personnages comiques, aussi « graves » soient-ils, ne sont pas vraiment ancrés en eux. Ce sont des vices et des défauts « passagers », accidentels, que tout le monde peut avoir, et dont on peut se débarrasser. Bergson remarque que les titres des comédies ne sont jamais des noms propres, mais plutôt des caractères, comme l'avare, le misanthrope, le médecin malgré lui, etc. La comédie a plutôt pour but de dépeindre un défaut plus qu'un personnage, pour faire la morale au spectateur, à travers son propre rire. En revanche, les titres des tragédies sont toujours des noms propres : Britannicus, Phèdre, Othello. C'est que les personnages d'un drame sont un peu des héros ou des salauds : leurs vices et leurs défauts sont dans leur nature, leur A.D.N. dirait-on aujourd'hui. Leur cas est désespéré, ils sont irrécupérables : ils ne ressemblent à personne, et rien ne pourra les changer. Fini de rire, donc.

Le rire nous fait donc un peu la morale et vise « un but de perfectionnement général ». Mais ça ne veut pas dire que Bergson soit particulièrement « ami du rire ». D'abord, le « petit fond de méchanceté » qui s'y trouve en fait une manière peu louable de faire la leçon. Il y a toujours « une certaine dose d'amertume » dans le rire, qui le rend peu recommandable et le fameux « altruisme » que Bergson appelle de ses vœux, cette bienveillance aux autres, devrait plutôt nous inciter à ne jamais nous moquer d'eux. Surtout, puisque le rire vise « un but de perfectionnement général », on peut imaginer que pour Bergson, quand ce but sera atteint, il n'y aura plus personne à corriger et qu'il n'y aura donc plus lieu de rire de rien.

À propos de Bergson

*Henri Bergson est né en 1859 à Paris. En 1878, il intègre la section « lettres » de l'École normale supérieure aux côtés de Jean Jaurès. En 1881, il obtient l'agrégation de philosophie avant de soutenir sa thèse de doctorat en 1889 qui donnera l'*Essai sur les données immédiates de la conscience. *Il est nommé professeur au Collège de France en 1900, attirant un public innombrable, et reçoit le prix Nobel de littérature en 1928. Il a publié* Matière et mémoire *(1896),* Le Rire *(1900) ou* L'Évolution créatrice *(1907). Les grands concepts de sa pensée sont la conscience et la mémoire, le temps et la durée et, surtout, « l'élan vital » auquel s'oppose la fameuse mécanique du comique.*

Attiré par le catholicisme, il renonce à se convertir face à la montée de l'antisémitisme. Il meurt le 4 janvier 1941.

À lire : P. Soulez, F. Worms, Bergson, *coll. « Grandes Biographies », Flammarion, 1997.*

H. Bergson, Le Rire, *sous la dir. de F. Worms, coll. « Quadrige », PUF, 2007.*
